翻译批评理论与实践多维研究

邓秋峰 著

全国百佳图书出版单位 吉林出版集团股份有限公司

图书在版编目（CIP）数据

翻译批评理论与实践多维研究／邓秋峰著. -- 长春：吉林出版集团股份有限公司，2023.7
　　ISBN 978-7-5731-3768-5

Ⅰ.①翻… Ⅱ.①邓… Ⅲ.①翻译理论-研究 Ⅳ.①H059

中国国家版本馆 CIP 数据核字（2023）第 131759 号

FANYI PIPING LILUN YU SHIJIAN DUOWEI YANJIU
翻 译 批 评 理 论 与 实 践 多 维 研 究

著：邓秋峰
责任编辑：王芳芳
封面设计：冯冯翼
开　　本：720mm×1000mm　1/16
字　　数：180 千字
印　　张：11.25
版　　次：2023 年 7 月第 1 版
印　　次：2023 年 7 月第 1 次印刷

出　　版：吉林出版集团股份有限公司
发　　行：吉林出版集团外语教育有限公司
地　　址：长春市福祉大路 5788 号龙腾国际大厦 B 座 7 层
电　　话：总编办：0431-81629929
印　　刷：长春新华印刷集团有限公司

ISBN 978-7-5731-3768-5　　　定　价：68.00 元
版权所有　侵权必究　举报电话：0431-81629929

前　言

在全球化的推动下，人们对翻译的需求日益增加，世界范围内的翻译研究也得到了极大的发展和进步。日益增加的翻译需求要求高品质的译作和译者，因而人们面对的问题也逐渐变得显著，如译者的翻译水平参差不齐，从而导致译作质量不高。这也要求人们进一步完善翻译批评体系和标准，以此衡量译作的质量，从而进一步提高译作的质量。

翻译批评无论在翻译理论还是在翻译实践活动中都发挥着举足轻重的作用。翻译批评不仅要求批评者从翻译主体、原则、标准和方法等理论方面进行评价，还要求批评者具有较高水平的综合素养，要树立客观精神，并培养创造精神和求真精神。翻译批评是主观和客观相统一的过程，没有绝对的客观，也没有绝对的主观，而是要两者结合，达到最优的状态。翻译服务社会、服务人民，翻译批评服务翻译，翻译批评不仅要求人们有较好的翻译和鉴赏能力，还要求建立统一的价值体系，为翻译批评提供合理的评价载体。

翻译批评与翻译活动相伴而生，是推动学术繁荣、提升翻译质量的重要途径。翻译批评可以分为有意识状态下和无意识状态下的翻译批评。进行翻译批评时，需要译评者有优秀的语言素养以及鉴赏能力，还应该重视译者对原文版本的选择，否则就容易产生误评的问题。此外，应该坚持批判性思维，把感性批评上升为理性批评。在进行翻译批评时应该坚持主观与客观相统一。一方面，由于翻译批评具有鉴赏性质，人与人之间的感受可能存在差异，这使得翻译批评具有一定的主观性。另一方面，由于翻译批评的标准、方法等因素的存在，也促使翻译批评具有客观性。总而言之，翻译批评是连接翻译理论与翻译实践的纽带，翻译批评对于当今社会也具有重要的意义。目前，市面上已经出现了一些有关翻译批评理论与实践的著作，《翻译批评理论与实践多维研究》一书从更加系统、全面的角度分析了翻译批评理论与实践的相关内容。

本书是一本研究翻译批评理论与实践的著作，共分为八章。本书一共分为两个不同的部分进行论述，其中第一章至第四章主要是围绕翻译批评理论的相关内容展开分析，首先分析了翻译批评的相关基础性知识，如翻译批评的内涵、功能以及种类等；进一步探讨了翻译批评的主体、客体和参照系；详细研究了翻译批评的标准、翻译批评的层次和翻译批评的主要方法等内容，内容十分丰富；第五章至第八章主要是围绕不同的翻译批评实践的相关内容展开分析，首先分析了文学翻译批评的相关内容，接着研究了翻译批评的元理论视角的内容，阐述了20世纪中国翻译批评话语，最后探讨了价值哲学与翻译批评等内容，层次鲜明，内容新颖。

全书以翻译批评理论与实践为主题，分析和论述了当前相关领域的研究成果，并在此基础上提出了自己的理论和见解。在具体语言表达过程中，作者考虑到不同读者阅读和理解水平的差异，因此选用了平实的语言，有利于学习者的参阅与学习。在本书写作过程中，作者查阅了大量的国内外资料和文献，吸收了很多与之相关的最新研究成果，借鉴了许多专家学者的观点，并在此基础上形成了一家之言。但是，由于时间仓促和个人能力有限，本书可能还存在很多不足之处，希望读者指教。最后，作者对给予本书巨大帮助的各位朋友致以最诚挚的感谢。

目 录

第一章 翻译批评概述 ………………………………………………… 1
　第一节 翻译批评的内涵和功能 …………………………………… 1
　第二节 翻译批评的性质和种类 …………………………………… 6
　第三节 翻译批评的意义和原则 …………………………………… 15

第二章 翻译批评的主体、客体和参照系 …………………………… 24
　第一节 翻译批评的主体 …………………………………………… 24
　第二节 对翻译批评的主体产生影响的心理效应 ………………… 31
　第三节 翻译批评的客体 …………………………………………… 36
　第四节 批评的参照系探讨 ………………………………………… 39

第三章 翻译批评的标准探讨 ………………………………………… 41
　第一节 翻译标准与翻译批评标准的异同以及关系 ……………… 41
　第二节 翻译批评标准的设定与依据 ……………………………… 45
　第三节 翻译批评标准的性质 ……………………………………… 51
　第四节 翻译批评标准的传统思路与创新思路分析 ……………… 56

第四章 翻译批评的层次和方法 ……………………………………… 64
　第一节 翻译批评的层次 …………………………………………… 64
　第二节 翻译批评方法的概念、本体特征 ………………………… 71
　第三节 翻译批评方法的介入 ……………………………………… 74
　第四节 翻译批评的具体方法研究 ………………………………… 78

第五章 文学翻译批评研究 …………………………………………… 86
　第一节 文学翻译批评的原则和文化比较 ………………………… 86
　第二节 功能翻译理论与文学翻译批评研究 ……………………… 91
　第三节 文学翻译批评者应该具备的素养 ………………………… 96

第四节　文学翻译批评的实践…………………………………………102
第六章　翻译批评的元理论视角研究………………………………………109
　　第一节　本体论之争的元理论分析……………………………………109
　　第二节　可译性之争的元理论分析……………………………………116
　　第三节　直译与意译之争的元理论分析………………………………122
第七章　20世纪中国翻译批评话语研究……………………………………130
　　第一节　翻译为强国第一义……………………………………………130
　　第二节　翻译批评与现代白话规范……………………………………135
　　第三节　批评话语与翻译"红色经典"…………………………………140
　　第四节　译介学与翻译批评……………………………………………145
第八章　价值哲学与翻译批评………………………………………………151
　　第一节　价值哲学概述…………………………………………………151
　　第二节　从价值哲学视角分析文学翻译批评…………………………156
　　第三节　价值哲学与翻译批评研究的嬗变……………………………161
　　第四节　价值哲学路径下翻译批评主体的确认………………………166
参考文献………………………………………………………………………171

第一章 翻译批评概述

翻译批评活动是一个复杂的过程，翻译批评是指在一定的社会条件下，遵循一定的翻译原则，运用一定的方法对某一译作做出的评价。这种评价应该在一定的理论指导下客观、全面、系统地去观察和分析翻译过程和翻译结果。本章首先分析了翻译批评的内涵和功能，接着进一步探讨了翻译批评的性质和种类，最后详细地研究了翻译批评的意义和原则等相关的内容。

第一节 翻译批评的内涵和功能

一、翻译批评的内涵

严格意义上的翻译批评是以一定的翻译理论和翻译批评理论为背景和基础，对各种翻译现象、翻译作品和翻译思潮进行分析、阐释和评论的科学认识活动。它既是一种高层次的翻译接受活动，又是一种具有独立地位的翻译研究活动，具有自律性和他律性的双重特征。

二、翻译批评的功能

（一）激励和监督功能

任何理论的研究和实践活动都有其目的。[①] 翻译批评的组成要素主要包括批评的主体、客体以及批评的理论。翻译批评的六个目的如下：

---

① 温秀颖，南开大学外国语学院英语系教材编写组. 英语翻译教程 英汉·汉英 [M]. 天津：南开大学出版社，2001：209.

第一，帮助——帮助译者提高翻译水平，甚至可以帮助译者具体提高某些基本功，帮助译者提高翻译理论修养。

第二，限制——限制粗制滥造、质量低劣的译作泛滥。

第三，扩大——扩大优秀译作的影响，促进译事的繁荣。

第四，鼓励——鼓励译者不断努力，译出优秀的作品。

第五，监督——监督译者工作，促进他们认真负责地工作。

第六，促进——促进翻译事业健康、迅速地发展。

简而言之，这六个目的实质上是提出了翻译批评的两大功能：激励（帮助、扩大、鼓励、促进）和监督（限制、监督）功能。这两大功能为译界广泛接受，并为许多评论家和翻译理论家所积极倡导。

翻译批评担负者提高翻译质量、保证翻译沿着正确方向前进的神圣使命。从某种意义上讲，这既是对翻译批评的最高要求，也是给予翻译批评的最高荣誉。然而，翻译批评要想担负起这神圣的使命，仅有奖善和惩恶是远远不够的。首先，翻译是一个复杂的过程，一部译作的产生可能涉及翻译的目的、原则、标准、方法、译者的因素、读者的因素、社会历史的因素等多个方面，是各种因素综合作用的结果。因此，作为对翻译活动进行理性思考的翻译批评，必然要观照翻译过程中的诸多环节和可变因素，对它们进行系统的、多元的、综合的分析和考察，这就决定了翻译批评的功能不可能简单地诉诸激励和监督的二分法。其次，翻译批评不仅指对翻译行为和结果进行具体解析和评判的批评，也指这种批评进行时所依据的理论原则，因此，翻译批评还必须观照其赖以进行的理论本身，这也决定了翻译批评必须是多元的、建构的。

（二）价值判断功能

价值判断功能是翻译批评最直接、最基本的功能。我们进行翻译批评也必然要对翻译中的现象进行分析，并做出判断。否认和忽视翻译批评的价值判断功能是不诚实的。许多翻译理论家不遗余力地论证和创立"翻译质量评估"模式的努力，就是这一功能的最好说明。但是，必须明确指出的是，我们这里所说的判断并不简单地指对翻译活动的结果——译文的正误、好坏进行判断，而是指通过对译作本文的认真分析，提取译作的翻译策略、翻译方法，发掘译作的优点和缺点（抑或成功与失败），从而揭示出一部译作与理想之间的差距，并分析产生这一差距的原因，最终对译作的质量与翻译过程中其他诸因素的生动的、有机的相互关系做出判断。

可是，以往的诸多翻译批评都是在正/误这样的浅表的层面上运行，并以好/坏这样简单的话语言说。翻译批评的判断功能被简化成一种错误分析。但是，随着翻译研究对翻译过程和翻译主体的关注，这种情况正在发生深刻的变化。翻译批评的判断功能建立在科学、认真、细致的分析基础之上，它是客观的、公正的、准确的，它要求批评者必须进行理性的分析而不是从个人的好恶出发，过多地掺杂进自己的联想和偏离客观的内容。

（三）阐释功能

翻译批评应阐明特定时期和特定领域内的翻译观念，并帮助理解名家名作和名家名译，这实际上是道出了翻译批评的一个重要功能——阐释功能，而这一功能是由翻译的本质特征所决定的。我们进行翻译，当然离不开语言之间的转换，而语言又是文化的载体，这承载着自身文化的语言在最基本的层面上，都形成了一种独特的文化语境，而语境作为一个独立的结构，具有最基本的阐释功能，为任何一个进入该语境的因素提供解释，并形成意义。任何异文化进入这个语境同样必须经过这个语境的解释，方能产生作用。因此，作为一种跨文化交流活动，翻译本身对进入译入语文化语境的原文本便具有阐释功能。而翻译批评为了帮助读者理解名家名作和名家名译，则必须首先对原作进行描述和说明，如它属于什么创作流派、反映了怎样的创作思潮、作者在文坛的地位以及读者和批评家对其有何反应等等，并在此基础上对译作在传达原作思想内容、艺术特征等诸方面的情况加以阐释说明，即对译作所做出的阐释进行再阐释。

同时，翻译批评要阐明特定时期和特定领域内的翻译观念，必然要涉及这些翻译观念是怎样被论说者论述，并如何影响了当时的翻译实践这样的基本问题，这种批评活动本身便是一个阐释学现象，因为，批评者在对"他者"的理论观念进行转述时，绝不会是一种简单、机械的纯客观复述，而是夹杂了带有自我"前见"和"偏见"的阐释。换句话说，批评者在对特定时代、特定领域的翻译观念做出说明时，并不是全然被动的，而是夹杂着选择、误读乃至创造的一个复杂的阐释学过程。需要特别指出的是，随着翻译学研究的不断深入和发展，特别是描写译学的出现，翻译批评的价值判断功能在翻译批评中的地位有所削弱，而其阐释的功能却得到了前所未有的强化。越来越多的批评者开始通过对某一译作或某一翻译理论的阐释来证实自己的真知灼见，宣扬自己的理论主张，而不是充当手握真理的法官对译作或译论进行非此即彼、是非分明的判决。可以预见，在未来的翻译学建设中，翻译批评的阐释功能将发挥越来越重要的作用。

(四) 审美功能

翻译批评是一种对象性活动，它以翻译活动为对象，因此，它的功能就不能不受到翻译本质的制约。翻译是原作世界在译作世界的能动反映，它既是科学的，也是艺术的。这就决定了翻译批评不仅是一种客观、抽象的科学活动，它同时还是一种富有艺术情趣的审美活动。这种审美活动体现在：第一，批评家对原作艺术创造与译作艺术再创造的直觉领悟；第二，批评家对自己审美感受的诗意传达。这种诗意的传达会缩小批评分析中抽象推理给读者带来的距离感，增加翻译批评的审美吸引力，并引导读者体味、领会批评家独到的审美发现。因此，批评家往往通过模糊的具有诗意的弹性语言进行富于情趣的美感描述，激起读者自己去欣赏品评的兴趣。文学翻译批评的任务是评价译者审美再现的效果。① 这种评价不能像数学一样精确，但批评者可根据美学原理及自己的审美意识与审美体验，对原文与译文的审美要素进行比较研究，认识作者与译者的审美情趣，评价译者再现原文美的手法与功力，探索文学翻译中审美再现的规律。

翻译家对原文出神入化的审美再现，经过批评家鞭辟入里的分析和准确精练的语言描述，使得译者再创造的艺术技巧清晰地展现在读者面前，这对读者理解、接受和欣赏译作的审美价值无疑是十分有帮助的。文学作品是一个多层次的构成，而一般的读者是把文学作品仅仅作为通向自己的幻想的跳板或是一种消磨时间的方式，因此，由作品暗示却要读者具化的诸多层次并不能在阅读中全部实现。批评家对作品形式意味的领会描述，对隐含意义的探究分析，把读者引向一个观照文学作品的新窗口，激发起艺术接受者"重读"的欲望，在仔细品味、反复探求中纠正自己对作品肤浅、含糊和不充分的理解，从而获得更为深刻的艺术享受。

(五) 人际功能

翻译批评作为一种社会活动有着非常复杂的、深刻的人际内涵。批评者、译者、读者形成一个相互交叉的"关系网"。他们的关系如图 1-1 所示：

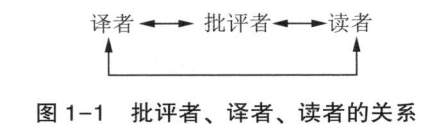

译者 ←→ 批评者 ←→ 读者

图 1-1 批评者、译者、读者的关系

---

① 董晓波. 翻译概论 [M]. 北京：对外经济贸易大学出版社，2012：217.

在这一关系中，批评者是中介，他通过对译作的批评与译者和读者建立联系。

首先，翻译批评对译者的翻译活动具有调节作用。这主要表现在：其一，翻译批评可以向译者反馈社会的接受信息。一个译者殚精竭虑地翻译出来的译作总会希望得到读者的认可、理解和评价。翻译批评则是他得到反馈信息的一条重要渠道，因为翻译批评不仅传达了批评家对译作的看法，往往还集中或代表了很多读者的意见，反映了一定的社会舆论。其二，可以帮助译者总结经验和吸取教训。一般来说，译者对自己的译作是有一定的批评能力和自知之明的，但是，一个睿智的批评家手中的笔可以是一把锋利而又智慧的手术刀，对译作和译者进行彻头彻尾的解剖，并进一步对译者的理解（审美）能力、表达能力、工作态度等进行认真、严谨的分析和研究，做出真诚、坦率、客观、公正的批评，从而帮助译者更好地认识自己的翻译潜能、优势、特点和不足，鼓励和鞭策译者不断提高自己的理论水平和实践水平。

其次，翻译批评可以帮助读者选择和鉴别译作。当今社会，翻译作品浩如烟海，新人新译层出不穷，名著复译也非常多，其质量也是良莠不齐。如何正确地选择和鉴别它们是读者面临的一个问题，做得不好不仅浪费大量的时间，而且浪费大量的钱财。在这样的情况下，翻译批评的介入可以帮助读者深入地感受和理解译作。批评者凭借自己高度发达的美学感悟能力和专业理论知识，多层次、多视角地剖析译作的成功与失败，并用生动、准确的语言向读者传达自己的审美感受和阅读体验，培养读者对外国作品和文化的审美能力，从而增强读者发现和区别译品的能力。

而译者在这一关系中也绝不仅仅是一个被动的接受者。他通过阅读批评者的文章，重新审视自己的译作，检测自己在翻译目的、翻译原则、翻译标准、翻译方法策略的应用、审美层次的传达等方面成功与失败的经验和教训，并可写出反批评文章，向批评者和读者解释自己在翻译策略制定、翻译方法应用等方面的依据和考虑，陈述自己对翻译理论、翻译实践乃至翻译批评的见解。在这个意义上，批评者与译者之间形成一种平等的对话关系。

与批评者和译者不同的是，读者在这一关系中，则主要扮演受体的角色——通过阅读批评者的批评文章和译者的反批评文章提高自己对译作的鉴赏力。但是，他也可以以自己的方式成为一个积极的参与者，如与其他读者交流自己的感受、写读书笔记阐述自己的思考，甚至写信或写文章向译者、批评者表达自己对译作的直接感受以及自己对翻译原则、技巧等的看法，这种参与的势头随着互联网的普及，将越来越强劲。

当然，批评者、译者、读者三者之间的关系远非如此简单，因为一部作品可能有多个译者，对同一译作也会有多个意见不同、甚至截然相反的批评者，而读者群更存在着不同层次不同需求的差异，因此，三者的关系必然是错综复杂的。

（六）宏观调控功能

翻译实践和翻译研究活动，具有明显的个性化色彩。不同的译者、不同的研究者往往都是在一种自在的状态下从事实践和研究工作的，这就使得他们的实践和研究有时不免带有某种随意性和盲目性。翻译批评，作为翻译研究的一个重要手段和分支，则肩负着对这些个体劳动进行宏观调控的功能，这种调控功能主要在两个层面上发挥作用：第一，从文化的角度调控翻译研究的层次；第二，从学科本体的角度调控翻译研究的方向。

翻译批评作为全球性文化批评研究的一个组成部分，其批评的视角和功能也必然会受到"文化转向"的影响，从而摆脱过去那种只专注于翻译技巧的分析和评判的批评状态，而呈现出多元的、多层次的批评特征，确保翻译研究的多元性和层次性。

但是，不论是进行多元研究，还是进行多层次研究，我们都必须注意避免研究的"泛"化倾向，即脱离翻译研究的本体，使得翻译研究成为语言学、比较文学、文化学等的附庸，从而失去了自我存在的规定性。因此，翻译批评便担负着这样的重任：从学科的角度调控翻译研究的方向，确保翻译研究在学科交叉、学科借鉴日益成为当代科学研究突出特征的情况下保持自我。

第二节　翻译批评的性质和种类

一、翻译批评的性质

（一）科学性与艺术性

提及翻译批评的实质，往往会有两种相互对立的批评观点：一种是"批评主要是一个达到移情、同化和产生某种直觉的非理性的东西的过程"。① 另一种是"批评是揭示文学艺术作品的美和缺点的科学"。② 对比二人观点可以看出，前者的批评论看重个人感受，后者的批评观则侧重其科学性。二者相互对立的观点实际上是文学批评根本性质的两个方面，从而导致翻译批评也具有双重性，即艺术性和科学性。

批评家不是艺术家，批评不是艺术。③ 批评的目的是理智的认知，它不像音乐或诗歌那样创造一个虚构的想象世界。批评是理性的认识，或以这样的认识为其目的。翻译批评的科学性主要表现在以下几个方面：第一，思维方法的理性化和明细化。翻译批评考察对象时兼顾内外两个方面，在内部感知与外部思考的基础之上对目标做出综合评判。因此，批评者必须具有理性思维，不能完全依靠其自身的喜感偏向。此外，在批评的表述方式上，应尽极力避开任何模棱两可的基调，翻译批评应做到确切、率直，从而顺利达到翻译批评所追求的观点表述鲜明，合理评价作品的目的。第二，强调方法论。20 世纪以来，方法论在批评体系中所占比例明显增大，对它的探索积极性与日俱增。评论者的自觉批评意识与其他科学方法相融合，带来了诸多翻译批评形态和模式的创生。此种趋势表明翻译批评正在积极寻求一种秩序并建立完善的体系，这一过程同时也使得翻译评价更具科学性。第三，有自身概念范畴。译作批评中使用的特定批评方法、判断的过程及批评模式的建立，都是建立在翻译批评这一概念的基础之上的。翻译批评者的理性分析能力也正是体现在概念的构建和概念之间的演绎之上。

艺术性在翻译批评中首先体现在其意向性和情感性之上。文学作品的一个重要特征是具有意向与情感内容，同理，这两个因素也就使得文学翻译批评具有了艺术特色。批评者的批评方式、意图、意志等，也即其意向，在某种程度上会制约其对批评对象的评判，而且情感因素又总是与意向因素如影随形般连接，直接表现出来就是批评者个人的爱憎态度。由此可以看到，翻译批评这种思维活动同时结合了理智与情感因素，二者皆为批评的必备因子。再者，翻译批评表达方式呈现出多样化的特征。由于批评的方法、角度的选择，对于一个相同的批评对象，其批评表达方式会形态各异。与此同时，批评者的整体心理能力（包括分析综合、判断、阐释、创造等能力）正是通过翻译批评文本得

---

① 林庆扬. 走进翻译 [M]. 厦门：厦门大学出版社，2011：149.
② 童庆炳. 文学理论教学参考书 [M]. 北京：高等教育出版社，2009：209.
③ 肖维青. 翻译批评模式研究 [M]. 上海：上海外语教育出版社，2010：47.

以体现的。除去一般的论说式的批评文本之外,还有角色对话式、隐喻象征式、意象重组式等色彩纷呈的表达方式。在翻译批评的写作类型上,又区分为书评、书信、随笔、论文、专著、评传等多种形式。这些形态各异的表达形式也正是翻译批评艺术性的表现之一。

(二) 客观性与主观性

批评家、理论家历来都看重批评过程中的主客观性问题,同时由于批评家对批评内涵的不同把握,所做出的批评侧重点也各有不同。在批评译作之前,为了让读者对其有更深的理解,需要对其进行描述,进而批评者才能对译作做出含蓄委婉或直言不讳的评判。换句话说,翻译批评的两大职能要件是描述和评价。

描述是一种具有高度对象性的活动,其基础是对与对象相关的信息的把握,后经对对象进行归类、分析和描写而实现。换言之,描述的对象是客体,在心理上具有客观特征。评价则是主体自己做出的一种判断并且表明了其态度,它是主体内部的既定职业、审美和道德标准及尺度对对象衡量的一种结果。评价活动是一种积极 主动、体现主体内心世界的活动,它具有强烈的主观特征,评价结果可以说是"仁者见仁,智者见智"。[①]

凸显客观描述的翻译批评观与着重主观评价的批评观,目前依然有着全然不同的批评方案。其实,在翻译批评工作中,评价与描述至今没有明显的界线,在评价过程中区分纯主观与纯客观的活动往往徒劳。严格来讲,描述过程与主体的主观反映并不矛盾。然而,所做评价若要言之有理,则必须建立在客观描述之上。也就是说,在翻译批评中,主观性和客观性会有一个结合点,二者非但不互为矛盾,反而是相得益彰的,一方是另一方存在的条件和根据。但是需要注意的是,虽然翻译批评的主观可与客观相互融合,但这并不意味着二者之间存在一种静态的关系。并且,无论批评者怎样努力将主客观统一在一起,针对特定的批评对象往往仍然会有各自的侧重,总是会出现强调某一方面的翻译批评。

(三) 实践性与理论性

理论之于批评,犹如钢材之于利刃。好刀必须好钢造,方能雪亮锋利。批评之于翻译实践,犹如修枝之于果树,果树只有去芜存菁,方能结出优质硕

[①] 徐丙昕. 读懂《系辞》[M]. 北京:线装书局,2018:92.

果。这段话意味着批评可以修正实践中的错误,而指导翻译批评的又是翻译理论。简而言之,翻译理论通过翻译批评制约翻译实践,而实践也是经由批评逆向纠正理论内容,因此理论和实践的价值都通过批评实现。可以这样概括,翻译活动体系由翻译理论、翻译批评和翻译实践构成。

长久以来,翻译批评都被认为具有很强的实用性和实践性。多元系统理论强调要区分"研究"与"批评"两项活动,前者是纯学术性活动,目的在于描述、解释、预测客观现象,而后者属于应用研究,目的是要改造客观世界。很难想象,一个翻译家不对具体的译论、译作和译者作分析、比较、演绎等工作,而是闭门造车,单凭自己的想象臆造某一译论、译作的是非得失。这种没有实践基础的翻译批评正是水而无源、木而无本。对此,有人甚至认为,如若在"空对空"的译学理论和追求实践性的翻译批评之间做出选择,宁可舍前者而取后者。诚然,这是一种极端情况,并不能由此否认翻译理论的价值,但足以见得实践性在翻译批评中的重要性。

从另一个角度来看,纵观中外历史上翻译发展史,可以发现这样的事实,正是在翻译的历史长河中,即人类的翻译实践中,产生了对特定翻译的研究和批评,接着进一步产生了对此的思考,翻译理论亦最终从此处得到总结和升华。无论是何时代、何地点的翻译经验总结或翻译现象研究,它都必须依靠翻译批评作为中介,否则这一理论将成空中楼阁。并且,翻译批评研究本身,包括其基本理论视野、批评标准与原则、批评方法等整个研究内容本身又构成了翻译理论研究的一部分。一切对翻译作品的评论都必须以对翻译的实质与目的的理解为前提,或者至少是预先设置了一种模式,故而翻译批评的实施必须建立在各种译论的基础之上,因为翻译批评规范、标准的建立、批评模式的确立皆与各个译论观密切联系。除此之外,某一时期的翻译评论又必然以一定的翻译理论为参照,因此它将参考历史和当前的译学成果,因而精深的翻译批评代表了一定深度的理论,同时也是批评者素养的体现。总之,翻译学科的发展为翻译批评研究注入了新的活力,批评方法逐渐丰富,批评范围逐渐开阔,翻译批评也呈现出多元化的特色。而翻译批评的正常发展,也为翻译学科的健康发展提供了保障,构成了翻译学科理论的有机组成部分。

翻译批评同时集理论性和实践性于一身,是实证性与知性兼而有之的一种审美认知,它的良性发展将使得译学发展避开两个极端:一是进行大量的盲目的实践;二是不断产生众多的纯理论。而当前国内翻译批评过多强调批评的实用性,缺乏对完整译本的评论或对某一译者所有译作的系统研究,因而对翻译作品的评价有失公正、全面,所做的结论也大多理论性和研究性少、经验性多。近些年来的另一个问题是，译论研究强调形而上的思辨。由此引发了诸多抱怨，并让许多人认为翻译理论的研究渐渐落败于自说自话中，俨然失去了对实践的坚持。这些批评不无道理，脱离了实践的理论往往容易陷入纯思辨的误区。为避免这样的窘境，必须大力发扬翻译批评，加大相关的理论研究工作。因为翻译批评是译论研究和翻译实践的中介，它是二者间的桥梁，可有效促进它们之间的互动。翻译批评的对象和材料来源于翻译实践，翻译批评工作需基于既有的理论成果，同时翻译批评又可为译论研究开拓新途径。翻译批评对翻译实践的考察和评价可对后续翻译工作的策略选择施加影响。

二、翻译批评的种类

（一）从翻译定义进行划分

狭义的、严格意义上的翻译指的是原作与译作之间对等或相似程度比较高，即不论客观效果是否完全如此，至少译者主观上希望在各个方面准确度都比较高的语际转换活动及其成品。翻译批评的主要对象就是这一类翻译作品。这首先是因为翻译批评面对的绝大部分都是这类作品，其次也因为这类作品原、译文之间的比较可以做得非常细致而具体，因此能够更为准确、更为直接地反映翻译质量方面的问题以及体现与原创相对而言的翻译的本质问题。编译、摘译、改写等作品，按以往的做法，一般是不作为专门的评论对象的，只是有时在评论、分析某些现象的时候会有所涉及。典型的如林译小说、庞德译中国诗等，由于译文和原文的差距太大，因而只能做一些比较宏观的研究，如语言整体风格的把握，如内容的增删编辑，或者从翻译史的角度出发，进行一些社会文化方面的研究。近年来，翻译批评对这种过去认为够不上严格意义上的翻译、因而很少去面对的作品开始有了更多的关注，这一方面归功于比较文学的介入和翻译文化学派的兴起，另一方面也是由于翻译活动的繁荣和多样化多少改变了翻译定义的范围。尽管如此，现实中翻译批评的对象仍然以狭义的即严格意义上的翻译为主。

（二）从翻译方向进行划分

翻译方向指的是，译者是从自己的母语译成外语还是从外语译成母语。其实，即便不涉及是否母语，而只是一般性地分析不同语言之间的互译也存在一个翻译方向的问题，如原语语言习惯在目的语中的反映等，但只有在涉及母语的时候，这个问题才具有特殊的意义。

翻译方向问题在我国翻译理论研究中似乎没有引起足够的注意。原因或许是：其一，由于从外语译成母语的情况（对我国而言，如英译汉）在翻译活动中是主流，居于一种默认的地位。因此除非有特别的考虑，一般不会提及翻译方向问题。也就是说，就"翻译"这个概念而言，从外语译成母语成为一种无标记状态；其二，无论是哪个方向的翻译，作为翻译活动的实质应该是一样的，很多规律，特点也是共同的，其间差异有时就会被忽略。其实，我国的翻译教学和翻译技巧研究对汉译英还是比较注意的，这是出于现实的需要，而理论界对这方面的研究就有些滞后。

从外语译成母语的情况成为"翻译"的默认状态是有道理的。一般认为，在正常情况下，译者译入母语必然比译入外语要有把握，译文在可读性和符合译入语的语言习惯方面也必然更为可靠。正是由于翻译方向的重要，很多国际组织都要求译员只做从外语译入母语的翻译。国际翻译工作者联合会于1976年经联合国教科文组织通过的一份文件中也明确要求"译者应尽量只将外语译成本族语或译成与本族语同样熟练的另一种语言"。[①] 这些措施都是为了使译文的质量有所保障。在我国，由于社会历史方面的原因，由于中西文化间的巨大差异，同时也由于国际社会中掌握汉语者的数量还很有限，汉译英工作中的相当一部分还不得不由以汉语为母语者承担。如果说对翻译实践来说这是不得不为，那么，对翻译批评来说，就完全可以有所选择、有所侧重，至少是必须注意到翻译方向对翻译批评的不可忽视的重要影响以及由此形成的翻译批评的局限性。以下就是以英语为例子根据翻译方向而分的三种类型的翻译批评及其侧重点。

1. 对英译汉作品的批评

这是翻译批评中的多数，实例不胜枚举。这一方面反映了我国目前翻译活动的实际情况，另一方面也是以母语为汉语者作为接受者的情况，实为理所当然。此类批评内容广泛，凡翻译批评可涉及的无不涉及。与下一种情况相比，突出的特点在于对译文语言的评论有母语语感上的自信。第一，由于批评者本人语言的个人特点等因素的影响，这种语感也会出现个人差异；第二，由于批评者本人语言修养等因素的影响，这种语感也会有不太可靠的时候。

2. 对汉译英作品的批评

这种批评数量其实并不算少，主要集中在外事翻译、中国古代典籍翻译和古典文学作品翻译这几个方面。针对当代文学作品的翻译批评也有，但多集中

---

① 李洁. 中国古典艺术散文英译的审美沟通研究 [M]. 沈阳：东北大学出版社，2008：116.

于散文。

在这几种批评中，外事翻译批评目前主要关注：一是不出错误（意思和语言），二是如何使译文语言表达地道，摆脱生硬的汉化英语。古代典籍翻译批评多集中于理解的准确和表达的清晰。以中国古典文学作品翻译为对象的翻译批评一向是个热门，《红楼梦》译本分析、《诗经》译本分析、《醉翁亭记》等经典散文的译文分析等都已有相当的积累，突出之处是以鉴赏性和理论研究性为主。当代中国文学作品翻译批评也同样是鉴赏性为主，少有真正的批评。

在中国古典文学这个热门中，古代诗歌的英译又可以说是热门中的热门，有关的批评文章几乎从未断过。然而正是在古诗英译的评价问题上，有学者提出不同意见，认为许多此类批评在谈到译文的诗歌效果时，都下意识地以中国诗歌的语言习惯来评价这些诗歌的英译文，结果是无论从美学角度还是从语感角度来看，说服力都有问题。这个意见十分中肯。奈达（Eugene A. Nida）正是以中国古诗英译为例，来说明翻译方向对翻译过程中译文评价所具有的重要意义。

对汉译英的评价，就我们以汉语为母语者而言，实际上是以一个特殊问题的方式典型地体现了翻译批评的一种局限性，对此我们必须心中有数。翻译批评必然地要以批评者自身的视野和能力为界限，这是客观使然。我们只是想说，任何话语权都不是无限的。在外事翻译批评和古代典籍翻译批评中，这种分寸一般都比较明确，然而对于十分重视文学性和美学效果的古代文学作品翻译，这种意识反而比较薄弱。由于文学性和美学效果具有强烈的感性特征，我们主张对这类翻译批评应尽力而为，即有所为有所不为：除了最起码的语言正误以外，我们可以凭借雄厚的原语文化背景，考察译文在文化内涵的理解和传达、语言细节的体会等方面的情况，提出批评或进行研究；对译文语言表达质量，可以做交际层次上的评价，但涉及美学效果时，最好留有余地。毕竟英译文是给讲英语的人看的，他们才是最终检验者。

金隄先生曾以问卷调查的形式请数十名以英语为母语者在李白《静夜思》一诗的八种译文中选出他们认为有诗意的译文。结果和我们的感觉可能有相当的差距。在现代文学作品的翻译方面也有一个可供参考的例子：奈达在谈到译文语言的最后润色时，曾以一个不懂汉语的读者的身份，对《青春之歌》一个选段的两种英译文进行修辞上的详细分析。这两个译本都是正式出版的，译者也是名家，若放在国内，此类分析多半又是鉴赏为主，然而以接受者身份出现的奈达却找出不少问题，有些还就是和文学效果有关。诺贝尔文学奖受多方因素影响，其政治性越来越强，因此并非衡量作品文学价值的最高标尺，但从翻译界的角度来看，作为一个参照，这也确实可以反映翻译上的一些问题，我国翻译批评在这个方面的"失语"，除了与传统的权威意识有关以外，对汉译英文学作品的评价不准确也是一个重要原因。

3. 回译作品批评

将一部作品从一种语言译成另一种语言，然后以译本为蓝本，再译回第一种语言，这第二个翻译过程就叫回译。回译是学习第二语言的一种很好的练习方法。从翻译研究和翻译批评的角度来看，回译也是很好的素材，将回译的译文与最初的原文相比较，其间异同可以反映出两种语言的差异和译者本身的一些因素对翻译过程所起的作用。这种材料很少，但很有研究价值。我们曾搜集到一例：原文是取自 *Reader's Digest* 的一篇散文，题目"*Dreams Do Come True*"，汉语译文题目是"梦想"，被某地用作一次汉译英比赛的原文，依此提供的英译文题目是 Dreams，这样从英语原文到汉语译文再到回译为英文的译文，形成了一个完整的"回译链"。这三个文本之间的差异可以清楚地显示出相对于原文的"偏移"是如何在两个翻译过程中被逐级放大的，分析其中原因可以说明很多问题。例如，由于当代汉语通用文风与当代英语通用文风的差异，回译的英译文与英语原文相比稍显繁复，词语的修饰性有所提高，但同时也有许多地方与原文非常接近，说明译文的质量相当不错。

在翻译批评所面对的译作中，这种完整的"回译链"并不常见，倒是有另一种比较特殊的现象与回译相似，这就是由原作者本人将自己用非本族语写成的作品译回母语。这种情况比较典型的例子是林语堂。林语堂中英文写作的能力都是很出色的，他的许多作品都有两种语言对应的版本，其中有一部分是他先用英文写成在英文刊物上发表，然后自己再把它译成汉语在汉语刊物上发表。由于译者和原作者是同一个人，他的这批作品就成为对翻译研究很有价值的一种素材。例如，有学者通过分析他的这批作品说明，在特定条件下，信达雅三者之间的关系有时会出现很大的改变。这批作品有一个明显的特点，即在翻译过程中出现了很多内容上的变动，对于并非原作者的一般译者来说，其中有很多都是不可想象的"违规"，然而由于译者就是原作者本人，他因此而拥有了某种"特权"，文学翻译的创造性在此获得了无法质疑的自由度。

（三）从作品体裁进行划分

在翻译批评所涉及的译作中，文学翻译作品占了大多数，有关的研究也很活跃，因此，形成了强大的文学翻译批评实力。与此密切相关的是，我国翻译研究本身就有一种重视文学翻译的传统,原因也许是人们认为文学作品内涵丰富,特别是在翻译中,涉及的因素特别多,要译好也最不容易,因此这方面的研究比较有价值,研究者的兴趣也高。同时,由于外国文学作品的阅读面极广,文学翻译及其批评所承担的"教化"责任也十分重大。然而,另一方面也要看到,我国翻译研究对文学的重视其实只是近代以来的事,在此之前是以宗教经典的翻译研究为主,而且近代出现的这种现象与我国人士学习外语的一些既成规范还有关系,如重视古典文学作品的研读等。这就是说,尽管翻译批评对文学作品投以特殊兴趣自有其道理,但这并不是天经地义的,也不是翻译批评和翻译研究的全部。翻译批评和文学翻译批评不能画等号。特别是翻译研究,如果囿于某种成见,还可能会脱离社会实践,限制研究的视野,不利于完整、准确地认识翻译中的各种现象和一些基本规律。

关于文学翻译批评,还需要对"文学翻译"这个概念做一些辨析。一般认为,"文学翻译"就是指小说、戏剧、诗歌、散文等文学作品的翻译,然而,还有另一种解释:"文学翻译"指的是用文学语言写成的作品的翻译,即除了科技作品以外的其他一切作品的翻译,包括历史、哲学、传记、政论、演说等。这个解释是相当宽泛的,有时可能比较方便,因为后面这几种体裁的作品如果文字出色,也常会被归入散文,这就进入了文学的范围。但是,这只是一个大致的划分,科技作品未必就不会用文学语言,哲学、历史等作品的翻译也自有其不同于文学作品翻译的特点。

针对文(指文学理论)、史、哲、政、经、法等人文学科作品的翻译批评一向数量不多,原因也许是这些作品的翻译标准客观性稍强一些,但与我国翻译研究重视文学翻译的传统也不无关系。近年来,这种情况有所好转,尤其是除了《中国翻译》等专业期刊以外,出版界、读书界的一些报刊(如《出版广角》《读书》《中华读书报》《文汇读书周报》等)也对此予以关注。由于著文者多并不以此谋求职称等虚名,这些报刊上的评论往往写得直截了当、文笔犀利,因此反而独具特色。目前,法律、政论、哲学、历史等方面的翻译批评虽然已经引起一定注意,但是和源源不断大量出版的人文学科翻译作品相比,首先是数量仍然偏少,批评实力不足,以致读者直指译作难读,特别是译介国外新思潮的作品让人怀疑译者是否真的懂得,更不要说人以己意译之,以致前后人名、地名、术语都混乱的译品。其次,有些类型的作品还少有涉及,如经济理论著作等。

科技、商贸翻译在翻译实践中始终占有一个相当大的份额,但有关的翻译研究多集中在技巧探讨和词语分析上,对翻译成品完整、深入的分析和评论还不多见，其中原因或许是：第一，此类作品的时效性比较强，而且比较零散；第二，内容专业化程度高；第三，翻译转换方式比较机械（机器翻译研究就把科技翻译作为主要对象）。其实，科技、商贸都只是一个大体的分类，内中所含的文体种类并不简单，外延上也多有重叠，如科技论著在翻译特点上就至少与法律文体的翻译有相似之处，而有的科普作品甚至可以归入文学作品。总之，科技、商贸类作品的翻译批评仍然是一个有待进一步开发的领域。

第三节　翻译批评的意义和原则

一、翻译批评的意义

对翻译实践来说，翻译批评的主要意义在于帮助译者提高翻译水平，具体做法包括澄清一些认识问题、对翻译策略及其应用进行各种层面上的探讨等等。翻译批评在大学本科和研究生的翻译教学中承担着重要的角色，在翻译研究类论文中也占有相当的比重，这说明了翻译批评在指导翻译实践方面的重要意义。翻译作品质量不高，除去社会环境方面的因素以外，译者本身对翻译中出现的一些问题在理论上认识模糊，对翻译质量缺乏鉴别能力，甚至以捉襟见肘的语言功夫勉为其难地进行翻译，无疑是内在的主要原因。所以，我们说积极的翻译批评实际上是对译者的一种爱护，何况对所有的译者来说，翻译水平的提高都是无止境的，良好的翻译批评氛围必然产生建设性的效果，有利于从整体上提高我国翻译作品的质量。

翻译批评对翻译理论建设的意义主要表现在：翻译批评在借助翻译理论的同时，又会以自己针对实际问题所进行的研究以及更为广阔的理论背景，丰富翻译理论的内容，促进翻译理论的发展。这一点已经为翻译研究的发展史所证明。翻译批评的社会意义是很明显的。无论是表扬和推介优秀译作，还是批评劣质译本，这既是对原作和原作者的维护，也是对读者权益的保护，同时也是对译者的警示和教育，因此，都是在履行翻译批评的社会责任。

出于种种原因，和鉴赏、褒扬相比，批评要困难得多，直言不讳的批评就更为困难，然而对提高译者的识别能力、维护原作者和读者的权益来说却又是最为需要、最为有效的。孙致礼先生曾以其一贯的坦率作风对近年来我国翻译批评软弱无力的原因予以深刻的分析，并与20世纪50年代诚恳、直率的批评风气做了对比。翻译事业要发展,要繁荣,永远离不开翻译批评的鞭策和推动。① 事实的确如此。一段时间里,我国翻译市场一度出现几乎失控的乱象,在商业利益的驱使下,以无视学术和职业道德的浮躁心态为背景,出现了多例用抄袭、剽窃、拼凑等恶劣手段谋取名利的所谓译作,给翻译市场带来了消极的影响。富于社会责任感的翻译界和出版界人士无奈之下,奋起回击,在版权保护方面也采取了一些行动,公开市场上的情况有了一定好转。

翻译界也对此提高了警惕,如从事英诗汉译多年的黄杲炘先生面对自己的译诗被人剽窃,愤怒地著文反击,楚至大先生也对诗歌翻译中的抄袭现象多次予以严厉抨击。又如,司汤达的《红与黑》译本在一段时间内竟然达到了十几种之多,其中不乏抄袭、拼凑而成的译本,许钧对此作了无情的揭露。然而,这种情况在影视界出现并不止这一例,有的甚至涉及国家级电视台,形成了一种需要综合治理的现象,在这种氛围中的翻译批评只能艰难前行。

对这些恶劣行为予以抨击,其效果应该还不只限于制止这些现象。在这个过程中,一些新的和理应恢复的学术传统、学术规范、职业道德意识、职业规范也会逐渐建立起来。作为正面成果之一,这一点对我国翻译界的影响可能更为深远。例如,为了给读者提供最好的译本,复译、重译本对前译本有所参考、借鉴是可以理解的,但这种参考、借鉴以什么形式出现,经过什么样的程序予以认可比较合适,还需要翻译、出版、版权等各有关方面的研究和确认,翻译批评在这方面是可以提供意见的。

打击翻译中的"假冒伪劣"可以归纳为"打假"和"打劣"两个内容。"打假"的对象即上文所说的翻译中的抄袭、剽窃等恶劣现象,"打劣"的对象则是那些质量不高的劣质译作。这两者的性质有所不同,前者无疑是一种"违规"行为,需要不留情面地予以抨击,并以合理的行业规范予以制止,有的甚至需要以法律手段予以制裁,而后者的成因除了不负责任的粗制滥造、胡译、乱译以外,也有译者的水平问题。还有一些情况介于译者水平和译者对翻译的认识之间,或无意形成,或有意所为,不太容易界定,可以作为学术问题来探讨。但是,只要是真正为读者着想、对原作负责,就无论如何也不能以此作为劣质译本产生的借口。

翻译批评的社会意义体现了翻译研究无法脱离社会实践、因而无法自闭于象牙塔中的一种内在性质,这是由翻译活动本身的性质所决定的。这并不妨碍翻译研究可以采用纯粹的抽象手段进行元理论方面的探索,正如层出不穷的语

---

① 杨自俭. 结构解构建构翻译理论研究 [M]. 上海:上海外语教育出版社,2009:447.

言学模式之于活的语言，或高度抽象的相对论之于现代社会中实实在在的原子武器威胁，也无碍于翻译研究以其具有普遍性的理论成果对其他学科的发展做出贡献，如物理学之于哲学。在翻译学内部的各个分支中，翻译批评是以其与实践的密切联系为特征的，即便是文学翻译批评，也是翻译批评，而即便是文学批评，如果与社会现实一点关系也没有，那路也是会越走越窄的。如果对翻译市场上粗制滥造、抄袭剽窃等恶劣风气不闻不问，无论是出于什么原因，都将是翻译批评的失职。做这种"初级"工作或许不是翻译批评的主要任务，但却必然地是翻译批评的任务之一，原因就在于维护翻译的职业道德、赢得社会对翻译的信任，原本就是从事翻译者的分内之事。

二、翻译批评的原则

（一）翻译批评的一般原则

1. 善的原则

"善"是中国传统文化中最重要的概念之一。[①] 应用到翻译批评中，"善"主要有三方面的含义：

（1）与人为善

孔子认为君子应该"笃信好学，守死善道"（《论语·泰伯》），孟子说"取诸人以为善，是与人为善者也。故君子莫大乎与人为善"（《孟子·公孙丑上》）。翻译批评者也应该"守死善道"，与译者、翻译理论家等始终为善。

杨晓荣在《翻译批评导论》中将相关翻译批评原则归纳为三项，其中第一项是："翻译批评应是善意的、建设性的，即应是平等待人、与人为善，体现对译者的理解，这可以说是批评的态度问题。"[②] 态度在翻译批评中至关重要。态度不端正，翻译批评难有成效，甚至会出现严重后果。翻译批评应与人为善，从善意出发，善意陈述，善意评判，善意引导。也就是说，翻译批评应是建设性的，不是"搞阶级斗争"，不能妄加挖苦讽刺，进行人身攻击。批评者应富有宽容心，具有交际学上所说的"同感理解"。批评者应站在译者的位置上，设身处地理解译者的翻译策略和翻译方法以及要达到的翻译效果。要达此目的，除了要求批评者懂得翻译以外，还要把译者作为一个交互中的主

---

① 陈东成. 翻译批评原则的大易视角研究 [J]. 云梦学刊，2014 (1).
② 杨晓荣. 翻译批评导论 [M]. 北京：中国对外翻译出版公司，2005：28.

体，而不是自己品头论足的对象（客体）。[1] 诚如"凡著中国古代哲学史者，对于古人之学说，应具了解之同情，方可下笔。"[2] 这里的"了解之同情"与"同感理解"异曲同工。

翻译，是原著的复制。即使用现代高精密复制仪，尚且有色浓色淡之殊，不可能完全一样，更不要说借手于人工，失真、走样等情况也会出现。

所以，批评者应对译者多加理解，态度宽容。然而，宽容（包括"同感理解""了解之同情"）不意味着不讲原则，更不是鼓励乱译、滥译、剽窃等行为。宽容最少有个道德底线，对以利害义、搅乱翻译市场、损害社会利益的行为则要坚决反对和制止。

翻译批评者要与人为善，但"善"是有一定的度的，不把握一个度，则过犹不及，很可能会任人作恶，导致"劣质产品"充斥市场，最终就会引起翻译批评的"恶"，从而危害翻译批评的"善"。

（2）改错迁善

理解是历史性的。由于译者持有的前见及其时间距离造成的异化，译者注定要被限制在理解的历史性之中。同时，译者往往难区分正确前见与错误前见，因而不可避免地产生理解上的错误，从而导致翻译中的误译现象。[3] 随着时间的推移，正确的前见可能会浮现出来，错误前见随之消除。后来的译者或批评者可以根据所浮现的正确前见，获得对原文意义的本真把握，纠正译文中的错误，提供正确的译文。不管是译者还是批评者，如果能取法益卦的道理，对于翻译中的错误之处能像风雷摧枯拉朽一样予以扫除，并予以纠正，坚定地完善译文，那翻译批评必定映现光彩。

（3）止于至善

止于至善，上升到人性的层面来说就是大真、大爱、大诚、大智的体现，是自我到无我境界的一种升华。翻译批评中的"至善"就是楼宇烈教授提到的用中，达到中庸，就是《中庸》中的"致中和"，契合"中和"翻译批评标准。在翻译实践方面，要求译者精心研究原文，运用适当的翻译策略、方法、技巧等，生产更好的译文。在翻译理论方面，要求研究者探赜索隐，寻求新的翻译研究途径，不断补充、完善翻译理论。贝尔曼就是在对梅肖尼克的"介入批评"与特拉维夫学派的"实用主义批评"提出批评的同时，正是通过保

---

[1] 王宏印. 文学翻译批评论稿 [M]. 上海：上海外语教育出版社，2006：82.
[2] 同上.
[3] 王晓丽. 伽达默尔哲学诠释学与复译策略 [J]. 齐齐哈尔大学学报（哲学社会科学版），2002（4）.

留其中的合理成分，而创立了自己的批评体系，从而补充、完善了翻译批评理论。①

2. 公的原则

翻译批评也应讲"三公"——公开、公平、公正。

（1）公开

公开即不加隐蔽，面对公众。翻译批评不是私下交易，不是谈私事，不能暗地进行，需要透明化、公开化。翻译批评中的公开，一是批评者公开表明自己的态度、立场、观点等，不隐瞒，不含糊，不搞"小动作"，不惧公众知晓，一切批评在阳光下进行；二是批评者将批评的标准、原则、方法等内容形诸语言文字，或在正式的论坛上讨论或在正式的报刊、书籍、网站等上发表，有利于公众的关注，也有利于研究者对相关观点和学说的修正、补充和发展。

（2）公平

在生命本原的层面上，翻译批评者与被批评者是平等的。所以在翻译批评中，批评者应做到孔子所说的"上交不谄，下交不渎"，② 平等待人，尊重他人。翻译批评中，一些人只信权威，而对他人却不屑一顾，甚至轻蔑歧视。这是有失偏颇的。权威人物有权威的价值，有值得佩服和值得学习的地方，但权威人物并非十全十美。翻译批评提倡百家争鸣，具有独特见解的惊人之作也许出自以往不受关注的人。在翻译批评中，一切"吉善之人"都应受到尊重。

（3）公正

翻译批评呼唤科学的批评精神，而科学的批评精神基于批评的公正性。有了翻译批评的公正性，才能抵制和打击翻译批评的不正之风，维护翻译批评的正义。翻译批评只有在公正的基础上才能走上中和之道，从而促进翻译事业健康有序地发展。

3. 实的原则

翻译批评要以事实为依据，突出一个"实"。这里的"实"主要包含两层意思：实证为本和实事求是。

（1）实证为本

翻译批评以实证为基础，以具体的文本或事件为对象，不是漫无边际地谈论翻译（因而不同于一般的译论）翻译批评离不开原作和译作的关系，它把重点由前者逐渐转移到后者身上。翻译要研究作品，而作家和翻译家的研究以

---

① 许钧，袁筱一. 当代法国翻译理论 [M]. 武汉：湖北教育出版社，2001：295.
② 文博. 成事三要：事不拖 话不多 人不作 [M]. 哈尔滨：黑龙江科学技术出版社，2020：145.

及社会文化条件的研究,都会或多或少联系到作品,最终有利于说明和评价作品。甚至可以说,翻译批评始终是带有个案性质的研究活动,它是一步也离不开对象化的实践的,也是一点儿也不允许缺乏实证基础的。脱离实证基础,就有把翻译批评架空的危险。如果说翻译批评是科学,那么,它就是一门"具体科学",并需要扎实的实证研究基础。

(2) 实事求是

实事求是,就是从实际出发,不夸大,不缩小,正确地对待和处理问题。翻译批评中,认识和评价应避免主观臆断,要符合实际,讲究客观性。翻译批评的客观性可以包括几层含义:第一,尽量去除批评者本人的感情色彩和好恶态度,避免个人情绪化因素的介入;第二,利用科学手段和科学方法,进行有目的有秩序的研究活动,然后在此基础上得出较为可靠的客观结论;第三,在进行评价的时候,并不排除研究者和评价者本人的价值判断尺度,但应当将纯属个人的东西降低到最小的程度,从而有效地避免主观随意性的介入。著名文艺批评家雷内·韦勒克(René Wellek)在《批评的概念》中讨论文学批评的客观性时就这样写道:唯一可靠和正确的办法就是使这种判断尽可能客观,按照每个科学家和学者的做法行事。就我们的情况来说,就是把对象即文学艺术作品分离出来,凝神细察进行分析、做出解释,最后得出评价,所根据的标准是我们所能达到的最广博的知识,最仔细的观察,最敏锐的感受力,最公正的判断。[1]

4. 全的原则

翻译批评原则的所谓"全",就是指翻译批评不能片面,要讲究全面性。翻译批评的全面性包括下列含义:(1) 就占有的材料而言,要求研究者尽量占有全部或大部分相关材料,以便做出最大限度的科学概括;(2) 就研究的角度而言,要求研究本身要能够尽可能运用多种手段和方法,多角度多侧面地考虑和逼近问题,力避片面性和局部性;(3) 就思维方式而言,要求研究者尤其是评判者能够运用辩证思维和整体思维,辩证地全面看问题,也就是要尽量考虑到翻译过程中的多种因素,以便做出准确而客观的判断。

翻译批评中的所谓全面是指批评对译作至少要给出一个基本的、整体的、体现本质的评价:这个译本到底怎么样、哪些方面还可以、哪些方面不好、为什么不好、不好到什么程度等。即使评论对象只是译作中的一个部分,也不应使人对译作整体产生错误印象。共时的全面是指在评论时,应该根据具体情况

---

[1] 王宏印. 文学翻译批评概论 [M]. 北京:中国人民大学出版社,2009:91.

考虑是一般现象还是例外现象,是局部问题还是全局问题,还应充分考虑译者所处环境、条件以及所译作品的语言难度、文化远近等等各方面的因素,越周全越好。历时的全面指的是翻译批评应该有历史观,也就是说,不应该拿今天的标准去绳法前人,必须考虑到一系列可变因素所起的作用,考虑"时间差"所造成的影响。

翻译批评做到了"全"就可以避免挂一漏万,避免断章取义,避免盲人摸象的现象,也就能从整体把握,从而收到翻译批评的实效,有利于翻译批评预期目的的达到。

(二) 翻译批评的具体原则

1. 树立科学的批评精神

实践中的翻译归根结底是以理解为前提的一种创造行为。就理解而言,它是要消除差异。而就创造而言,它却是要表现这个世界的差异与多元。它远远不是一种终止性的结果,它的创造必将与它的理解结果一道并列成为理解循环下一站的起点。翻译批评就是在这个意义上成为译作的"后理解"的,它不仅要理解翻译的"理解",还要理解并且评价翻译中的"创造"。没有这样的认识,翻译批评便会流入"先决的否定",在批评之前就已经判定译作"低"于原作,进而满足于指责译作因为种种的"不等值"而造成的所谓"错误"。尤其是,如果没有这样的认识,翻译批评本身也无法确立自己的地位,它只能成为一种附庸,附庸在翻译实践或翻译理论上。它无法产生自己的方法论、自己的理论体系,无法面对自己的理论客体,无法完成自己在整个文化交流中的使命。科学的批评精神意味着翻译批评,第一,不能把原文本(甚至原语言)当作批评的归宿与标准;第二,不能赋予自己指点江山的"裁决性"的权力;第三,不能满足于目前常见的这种自发及随意的状况,不能满足于语言层次的正误评判。

2. 建立自主的批评理论体系

翻译批评不仅要产生出自身的方法论,而且还试图将该方法建立在有关语言、文本及翻译的明确的理论基础之上。① 由于翻译批评并不"附属"于翻译或翻译理论,所以科学的翻译批评首先要解决的应该是自己的理论体系。它不是要回答翻译中的基本问题,也不是要否定旧译,更非提出批评家自己的具体解决方案。它面对的将是自身的一个系统,该系统以翻译过程、

---

① 许钧. 翻译论 [M]. 南京:译林出版社,2014:284.

译作以及读者为考察对象，阐述的是译者与其译作之间，以及译作与它的读者、与目的语语言文化之间已产生的或将产生的关系，但自主并不代表唯一。和翻译理论有着诸多研究途径同理，翻译批评的理论体系也有多种可能。只要它从批评实践中产出，并且能够反过来观照翻译理论，就不失为一种成功的理论探索。

3. 探讨规范性的批评标准

相对于自身所确立的体系来说，标准仍然应当是规范、严谨的。当然，这种标准不是语言上的"是"与"非"的标准。基本上它可以被理解为与理论体系相一致的原则与方法。就文本批评而言，翻译批评的过程其实逃不脱这样一个顺序：首先，原文本与译作的阅读；其次，对于翻译主体的确定，即译者处在怎样一种工作环境中（这个环境既包括译者的私人环境，也包括目的语历史提供给译者的语言文化环境）；再者，原文本与译作的比较。需要注意的是，比较不是批评的目的，批评的目的在于比较之后的原因的分析与提示；最后，依据自己理论体系所做出的价值性的评价。批评的关键在于怎样运用这个程序，并且根据批评的目的的不同而做出不同的偏重。不少译家所向往的一个公认的客观标准从理论上来说是不可能完全成立的，但是随着翻译理论的基本问题被进一步地澄清（这本身就需要翻译批评的推动），在一定的历史时期，就某一个问题，一个为大多数译家所接受的能动的价值取向却可望达到相对的统一。

4. 开放的批评视野与指导性的批评功能

有了科学的批评精神与自主的理论体系，必须明白翻译批评所承担的责任与使命。批评不能以否定前译为根本宗旨。前译的不足之处（不仅仅是语言方面的）甚至不成功之处自然属于翻译批评的范畴，但绝不是翻译批评的归宿。不仅如此，翻译批评甚至不是要提供唯一的解决方案：那是译家，而不是批评家的任务。应当意识到，前译的成功与不成功从来都是历史的，而在某个历史时期的不成功也并不意味着它在整个翻译史上都会被摒弃，反之亦然，批评要澄清这段历史，这就是它的首要责任。

更应当意识到，作为翻译批评，它的本质是"建构性"的。就文本批评而言，如果前译成功，它要依据自己的理论基础来指出成功的根本原因，并指出在或然的历史条件下别的成功可能；而如果前译是不成功的（自发的批评往往集中在不成功的译作上），那么批评的主要功能就在于指出它与翻译历史、与语言文化历史不相符的地方，并且开启复译的空间，为等待成功的复译的到来做好理论上的准备。

翻译批评原则的确立，是解决"如何进行翻译批评"问题的一个重要前提。所谓的翻译批评的原则，涉及的主要是翻译批评观、翻译批评视野与翻译批评的方法论，既要考虑翻译批评的范畴，如外部批评与内部批评，又要考虑翻译批评的角度与层次，还要考虑到翻译批评者的条件、态度等。

第二章 翻译批评的主体、客体和参照系

在翻译批评中,翻译批评的主体和客体是重要的组成部分。本章首先分析了翻译批评的主体,接着进一步探讨了对翻译批评的主体产生影响的心理效应,论述了翻译批评的客体,最后详细地研究了批评的参照系等相关的内容。

第一节 翻译批评的主体

一、翻译批评主体的构成

翻译批评主要是以原作世界为参照,在译作世界的大背景下,就译者在选材、确定翻译策略和选择翻译方法等方面进行阐释和说明,并对译作在再现原作思想、艺术形象、艺术手法、语言手段、社会文化效果等方面成功与失败的原因加以比较和分析,无疑具有特殊性。

但作为文艺批评的一种,它与其他文艺批评必然也有共同之处,如批评主体的多样性就是其中的一个重要共性。普通读者、编辑、审校、大学教授、翻译家等都可能是批评的主体,他们都具有存在的合理性,都具有各自的重要性,我们进行翻译批评研究时对不同的批评主体有所侧重是可以理解、无可厚非的,但盲目排斥则不是科学的态度。上述关于翻译批评主体的种种论述从不同的角度和层面反映了作为一个翻译批评者应当具备的特殊才能,但是,他们却忽略了一个批评的重要群体——普通读者。普通读者的批评是一种客观存在,而且可能就在我们身边发生。既然如此,那么我们在进行翻译批评研究时就不能无视它的存在,将其排除在外。因此,这里我们将从广义的角度来讨论翻译批评的主体,即凡具有一定文化修养和审美情趣的读者都可以是翻译批评的主体,其并不一定要精通外语,更不必一定要是个译者。

（一）读者

完整的翻译活动至少是由原作—译者—译作—译作读者这四个环节构成的。一部译作的价值和作用，必须通过读者这一环节才能实现。从这个意义上讲，读者的接受是翻译活动的一个必不可少的环节，是翻译活动的有机组成部分。读者在接受译作的过程中并不是消极被动的，他们对译作（在他们的眼里，也许就是原作，因为，他们在谈论一部译著时，常见的说法是"奥斯丁的《傲慢与偏见》如何如何"，而不是"XXX翻译的奥斯丁的《傲慢与偏见》如何如何"）的艺术价值和社会价值会做出自己的判断，也会发表自己的看法，这是客观存在。无视或忽视这种客观存在无益于翻译事业，因此，我们主张在翻译批评主体的研究中将读者的批评纳入我们的视野。读者批评的特点如下：

首先，作为翻译批评主体的读者，他们通常都具有一定的文化素养、一定的审美能力和一定的专业知识。他们可能懂原文，也可能不懂。他们阅读译作的动机是多种多样的，可能是为了消遣，也可能是为了获得异域他乡的文化，也可能是为了获得某种专业知识。其次，就批评方式而言，读者的批评多为评点式或随感式的。他们阅读译作、发表议论，但并不一定形诸笔墨。他们往往靠直觉去体验，以各自的生活经验与情感经历去验证，可能会有不同的价值判断与审美评判。批评可能会是口头的，抑或以日记、书信、网络博客的形式，也有读者将自己的批评诉诸报纸和杂志。在批评中，他们通常不会去套用深奥难解的术语，也不引经据典、面面俱到。再次，就批评动机而言，读者的批评往往只是从自己的兴趣出发，满足自己的精神需要，或和朋友家人进行交流，而并不企望引导其他读者的欣赏口味或指导译者的实践。

也正是由于以上特点，读者的批评不可避免地会存在着这样或那样的问题。如许钧先生提到的"不读而论"和"过分偏重于直觉的感受"。这使得有些读者的批评因缺乏仔细地阅读和缜密的分析而难免判断错误，当然就更难达到深刻和公允。但是，读者是一个广泛的群体，他们代表着不同阶层千差万别的欣赏水平和价值观念。他们的批评视角多，视野广，虽然某个人的见解可能会偏激或片面，但这无疑会为翻译的批评研究打开最为广阔的门路。他们的评论是翻译批评研究的雄厚基础。尽管这类批评多带有点评式或感想式的形式，较缺乏系统理论的指导，但是翻译批评实践的主要方面。因此，在翻译批评实践和理论研究中，我们决不能忽视读者的批评。

（二）专家和学者

这里我们所说的专家、学者的批评，不仅指那些学识渊博的教授、语言专家，也包括那些职业的编辑、审校以及各学科领域的专家。他们是翻译批评领域中最为活跃、也最具创造性的批评群体，是翻译批评的核心主体，也是我们论述的核心。作为一名翻译批评家，其应具备以下素质：

1. 人格素质

翻译批评家应具有独立的人格，他应该敢于说真话，有自己独立的见解，而不是趋附时尚，人云亦云。批评家要具有勇敢的批评精神，敢于抨击译界的不良现象，敢于对批评的对象说"不"。无原则的赞美和吹捧，把翻译批评当作做广告、拉关系的工具，是对不负责任的译者和译论作者的纵容，最后则会毁掉我们的翻译事业。批评家还要具有高度的责任心，要对社会、对读者负责，要坚持客观、公正的原则。不负责任的炒作和包装、廉价的美言高帽是一个有良知的翻译批评家应当坚决摒弃的行为。

然而，这一切并不容易做到。面对批评对象，批评家或碍于情面，或抱有同情，或受利益驱使，或怕得罪人，往往顾虑重重，写出的批评文章不痛不痒，甚至违心赞誉。这与一个批评家的人格素质是背道而驰的。古语中"隔靴搔痒赞何益？入木三分骂亦精。"[1] 这应当成为批评家的座右铭。

2. 艺术素质

一个优秀的翻译批评家，不仅要具备缜密的理性思维能力，而且还要具备良好的艺术修养，要具有良好的艺术感受力、丰富的艺术想象力和深刻的艺术理解力，这对文学翻译的批评尤为重要。批评家的才能首先在于感受。对于不辨音律的耳朵来说，最美的音乐也毫无意义。[2] 对翻译批评而言，没有对译作的具体感受，也就不可能准确地把握译作成功的地方，从而也就不可能产生具有说服力和生命力的批评。艺术感受力是理解的前提，也是批评的基础。刘士聪在《阅读与译者》一文中提出了一个合格译者的三个先决条件：对语言的敏锐感受力、对语言所处文化的深厚学识、对文学作品美学特质的鉴赏力和转换力。而一个翻译批评家更应当具备这些能力。因为只有拥有语言感受力和审美辨别力的批评家，才能敏锐地捕捉作家的风格、准确地理解作家赋予语词的特殊韵味和色彩，从而对译作转换的"精妙"和"败笔"做出准确甚至是精

---

[1] 苏渊雷. 历代绝妙好联 [M]. 上海：上海辞书出版社，2020：113.
[2] 王树青. 大学生审美 [M]. 北京：北京理工大学出版社，2020：3.

彩的评判，否则，无论个体懂得多少翻译理论，也只能像一个舌苔很厚的人凭借着读了几本菜谱便去品尝菜肴一样，不可能成为一个真正的翻译批评家。但是，敏锐的艺术感受力并不是从天上掉下来的，而是需要批评家在长期的批评实践中自觉地去培养、去丰富、去完善。

此外，翻译批评家还应具有良好的艺术想象力。缺乏想象力的批评家，只能沿着前辈踩过的印迹蹒跚而行，而无法涉足新的批评领域，他的批评也就不可能有任何创造性。优秀的翻译批评家决不应拾人牙慧，而应依靠自己的想象力，把自己直觉到的东西条理化、概念化、理论化，使翻译批评也成为一种创造。接受美学理论认为，文学作品是一种"召唤结构"，中间留下了许多空白的"不定点"，有待读者去填补。这正是对批评家艺术想象力的召唤。批评家通过自己的想象力来填补作品的不定点，并对译者凭艺术想象力所做的填补和阐释的合理性做出评判。

再次，翻译批评家还应具有深刻的艺术理解力。感觉到的东西，人们不能立刻理解它，只有理解了的东西才更深刻地感觉它。对于翻译批评家来说，深刻的理解力意味着他能分析译作背后最广阔的历史文化背景。只有这样他才能见人之所未见，察人之所未察，才能在批评中发出自己独特的声音。

3. 理论素质

如果允许我们做一个大胆的预测，我们相信随着翻译活动日益受到社会的关注与重视，随着翻译研究的不断深入和发展，翻译批评也将会走向专门化和职业化，文学批评的发展历史已为我们提供了极有力的佐证。与此同时，对翻译批评家提出相应的理论素质要求也便顺理成章。作为一个职业的翻译批评家，他应具有丰富确切的哲学知识、语言知识、文艺理论知识、翻译理论知识，并能够熟练地驾驭它们。近年来，我国译界已经出现了一批具有深厚理论素养的翻译理论和翻译批评家，他们是翻译批评的学院派代表。他们能够娴熟地应用从西方引进的翻译理论，并吸收相关学科的研究成果，来研究中国的翻译现象，使中国的翻译研究变得更加专业化。

当然，学院派的批评也不可能是完美无缺的，他们的批评有时过于晦涩、抽象，离普通的读者越来越远，有些批评文章甚至一味地堆砌西方理论术语，生搬硬套地将西方理论硬贴在译作上。但是，学院派借鉴和移植西方理论思想是翻译研究和翻译批评发展的必然要求，一些陌生的概念和术语为中国读者所熟悉，肯定需要一个过程，这个过程很快就会过去。在未来的翻译学建设中，翻译批评家必将会扮演越来越重要的角色。这就进一步要求他们不但要拥有精湛的专业知识，还要拥有杰出的理论构建力。所谓理论构建力是指批评家在批评活动中，对批评对象进行演绎和抽象的能力。

演绎指批评家以个别翻译现象为批评对象，对其中的优点或弱点加以凸显、放大，并从个别推演出一般，从现象推演出本质的能力。这是一种非常重要的能力，体现出批评家敏锐的目光和深刻的洞察力。如钱钟书先生从林纾的译作中推演出文学翻译的最高标准是"化"。

抽象指批评家从浩如烟海的翻译作品中，浓缩、概括、提炼的能力。通过抽象，批评家可以勾勒翻译发展的历史轨迹，把翻译作品的精华凸现出来，并以此概括出翻译活动的时代特征。如王克非从源远流长的翻译史中抽象出翻译常常是一种再创造，掺杂有误解、删改、发挥的种种所谓不准确译本，导致作品在不同文化中的不同受容。

4. 专家和学者批评的特点

专家、学者的批评是一种权威性的、学术研究式的批评。他们凭借自己深厚的专业理论知识、丰富的想象力和敏锐的洞察力，对批评对象进行系统全面的分析，做出客观、公允、权威的判断。他们在批评中注意吸收和借鉴各相关学科的研究成果，为我们提出带有指导意义的理论来。目前，专家、学者的批评已经成为我国翻译研究的核心力量和主要方式，这从各种外语类期刊刊载的批评文章中不难得到印证。它呈现出以下特点：

（1）客观性

专家、学者的批评以学科建设为出发点，因此在他们的批评中，注重讲事实、摆道理，以理服人，分析客观、透彻，推理缜密、细致，不掺杂个人情感因素（或主观上尽量避免情感因素的干扰），一切批评话语服从于学科建设的大目标，而不是个人情感的宣泄和一己之见的聚讼。

（2）权威性

专家、学者的批评从理论的高度把握批评对象，注重理性的判断。在批评的过程中，他们就像是一个威严的法官，手执"理论武器"对批评对象进行条分缕析，做出权威的判断，提出修正的建议，指出翻译实践和翻译研究应遵循的正确道路。

（3）研究性

专家、学者的批评目的不在于或主要不在于指出译作的成功或不成功之处，也不在于为译者提供解决具体翻译问题的方案，而在于从具体繁杂的翻译现象中发现普遍因子，挖掘理论意义，进行理论升华，建立某种准则。他们的批评具有明确的学术研究特征。

（4）开放性

专家、学者的批评虽然具有权威性特征，但它并不拒绝学术的争鸣。他们深知封闭无助于学科的发展，任何权威的判断都不是，也不可能是最后的、终极的判断，它需要经受历史的、实践的检验，不断进行矫正、充实和发展，因此，具有显著的开放性特征。当然，专家、学者的批评也不是尽善尽美的，其也存在着不同的缺陷。

首先，为了使自己的批评具有权威性，一些批评家往往手执"理论武器"，居高临下地对译者品头论足，语重心长地指点迷津。他们往往会告诉译者如何翻译才算"信、达、雅"，如何翻译才算"对等"，若不遵此执行，他们就会否定译者。许多职业批评家都有一种教导欲，这使得他们的批评很容易模式化，成为术语泛滥、孤芳自赏的"八股文"，因而失去批评的个性，缺乏活力和生气。

其次，专家、学者的批评往往过多地把目光集中在名家名译的身上，而忽略对新人新译的关注。这样说并不是反对对名家名译的关注，相反，名家名译读者面广、影响大，不少名著有几种译本，有的还属于不同时期、不同语体，便于比较、认识、评述，批评名家名译有助于启发后学，提高译者的整体水平。但是我们必须清醒地意识到，翻译事业的希望更多的在中青年译者的身上，对有一定造诣的中青年译者的新译作的批评将会使他们尽快成熟起来，从而为振兴我国的翻译事业奠定基础。

（三）翻译家

所谓"翻译家"指的是那些已经获得公认的译者。他们自身也可能就是学者、教授或者作家，如鲁迅、林语堂、许渊冲等。纵观中国翻译发展的历史，翻译与翻译批评几乎一直保持着你中有我、我中有你的关系，只是在近期，批评才有了从翻译家的自我反省走向他人的社会性评价的倾向，批评渐渐从翻译的一个环节中独立出来，成为翻译活动的一翼，但翻译家的批评并未完全从翻译批评的范畴中消失，相反，它在翻译批评中仍然占有十分重要的地位。他们对翻译理论和实践有着独到的见解，常常发表一些热情的、甘苦自知的、富于形象的、流露出天性的批评。鲁迅先生的《关于翻译》（载《南腔北调集》）和《为翻译辩护》（载《准风月谈》）等文章就充分展示了一个翻译家甘苦自知的批评。就翻译家的批评而言，主要有两种形式，即批评和自我批评。

译者的自我批评是在译作完成之后，对自己在翻译选材、翻译策略、翻译方法、翻译效果等方面的成功与不足进行的总结和反思。他们往往通过译者序、跋、接受访谈或发表专题文章等方法，来发表自己对翻译的思考和体会。这方面的例子可以说不胜枚举。鲁迅先生的自我批评精神是值得我们当代的译者学习的。

除了自我批评外，译者还对他人的译作提出批评。这种批评更多是一种"寻美的批评"。在翻译家的眼中，批评首先是一种理解和同情的行为，批评者首先要把自己置于译者的位置上，努力使自己在译作中发现美。

但是，我们必须将"寻美的批评"与单纯的赞扬甚至吹捧区别开来，他们的出发点不同，归宿也不同。"寻美的批评"的出发点是真正寻求与译者审美意识的契合，其归宿可能是相容的，也可能是不相容的。单纯的赞扬甚至吹捧，其出发点是单方面的阐释，其归宿总是相容的。

翻译家的批评往往表现出极高的悟性，但也同样存在着非常消极的状况。这使得某些翻译家言辞激烈地互相攻击，使批评变成了斗争和批判。在我国译界，这种情况也是存在的，如王佐良与许渊冲之间的争论。那么，应当如何正确地进行和对待这种批评呢？首先，批评者应当本着实事求是、与人为善的态度，从推动我国翻译事业发展的高度出发，来进行无私人感情倾向、无偏爱、无私见的批评；而被批评者则应虚怀若谷，有则改之，无则加勉，对于所评各点，该接受的接受，该说明的说明，该反驳的宜应据理力争。

二、不同翻译批评主体之间的关系

三种批评主体都有着各自的优势，同时也不同程度地存在着很多不同的问题。我们将翻译批评的主体分为读者、专家学者和翻译家主要是考虑到各自在批评中的某一突出之处，这种划分的标准是相对的，因为从绝对的意义上讲他们都是读者，只不过阅读的方法、关注的问题不同。要想让翻译批评真正为翻译事业的发展发挥应有的作用，出版界就应不带偏见地刊登来自不同领域的文章或来信，特别是不应将一般读者和不从事翻译的批评者排斥在翻译批评的殿堂之外。其实，忽视了普通读者的批评是片面的，这种翻译批评也难以服众。历史和现实都告诉我们，"水至清则无鱼"，把翻译批评锁进清高的象牙塔并无益处，客观上只能起到为渊驱鱼、为丛驱雀的负面作用，不利于推动翻译批评的健康发展。当然，这并非说翻译批评可以粗制滥造，无须精益求精，相反，要想做一个合格的批评者，必须不断加强自己的修养，提高自己各方面的素质。我国著名文艺理论家刘勰在《文心雕龙·知音》篇中说："凡操千曲而后晓声，观千剑而后识器；故圆照之象，务先博观。"① 只有大量阅读各种专业和非专业理论书籍，大量阅读译作，认识翻译的规律和特点，掌握翻译批评的方法，才能给译作以客观、公正的评价。

毋庸讳言，三种批评都是翻译批评必不可少的组成部分。他们因文化的、政治的、理论的、宗教的、美学的观点不同，可能会对同一译本做出不同的评判，发出不同的甚至对立的声音。这对翻译家乃至出版界会起到深刻的启迪作用。就批评而言，不同的声音要比单一的声音好，对话要比独白好。对话是一种"运动的批评"，是一种"批评的批评"，不同观点的批评相互撞击，对双方都是有益的。哪怕是批评中发生了错误，也是一种正常现象。近些年来，我国译界对翻译批评中"感悟式"的批评多有责难，从"矫枉"的愿望看，本无可厚非，但这"矫枉"若到了"过正"的程度则应引起我们的注意，否则许多读者的批评都可能会被扣上"无知""不科学"的帽子而被排斥在翻译批评之外。众所周知，人类认识世界的角度和方法是多样的。正确的做法是既要重视一般读者的感性批评，又要重视专家学者和批评家的理性批评。没有读者的批评会使我们的批评流于呆板和失去基础，没有专家学者和翻译家的批评则会使我们的批评不够严谨和缺乏深度。因此，三者并重是翻译批评的重要原则之一。

第二节 对翻译批评的主体产生影响的心理效应

一、从众效应

（一）从众效应理论

从众效应，也称乐队花车效应，是指当个体受到群体的影响（引导或施加的压力），会怀疑并改变自己的观点、判断和行为，朝着与群体大多数人一致的方向变化；也就是指个体受到群体的影响而怀疑、改变自己的观点、判断和行为等，以和他人保持一致。从众也就是通常人们所说的"随大流"。

从众心理实际是人类的一种思维定式。思维上的从众定式使得人人有一种

---

① 韩春英，王丹. 艺术概论［M］. 成都：电子科技大学出版社，2018：231.

归属感和安全感,能够消除孤单和恐惧心理。就像我们平时所见到的"中国式的过马路"一样,如果是一个人,人们可能会等绿灯亮了再走。但是如果准备过马路的人多了,大家就会不约而同地闯了红灯,那种恐惧感就会消失。人多了就有了安全感,大家也就一同犯了错误。

从众在我们的生活中有很多例子,在日常生活中有一种从众现象,那就是从众排队。假如我们在街头闲逛时忽然看见一个长长的队伍,这时候人们很可能就会赶紧站到队后排队,因为见如此长的队伍,人们会很担心错过购买什么好东西的机会。然而最后好不容易等到队伍拐过墙角才发现人们原来是排队上厕所。

其实,从众有两种不同的性质:一种是对规范压力的自觉遵从,即不丧失个性的合理从众。另一种是盲目的、去个性的不合理从众。从众的这两种性质必然对社会和个人既产生积极的影响,也产生消极的影响。

任何一个社会,无论从社会功能的执行,还是从社会文化的延续角度说,多数人的观念与行为保持一致都是必要的。一个社会需要有共同语言、共同价值观与行为方式,也只有这样,人与人之间才能顺利地进行交往,也才有利于社会秩序的维护和社会的正常运转。同时从众能使个体达到心理平衡。在群体中,当个人意识到自己与大多数人不一致时,往往会产生焦虑紧张的情绪,难以适应外部的环境。从众行为能在一定程度上缓解或消除这种不安的情绪,使个人得到群体中大多数人的接纳,满足个人的安全和交往的需要。从某种意义上讲,从众就是个人适应生活的必要方式。

然而盲目的、去个性的消极从众容易使人产生惰性,抑制人的创造性,使个体的创新意识日益薄弱,变得随波逐流,追求理想和真理的锋芒也渐被磨钝,失去了接受挑战的机会和个性发展的空间。同时,盲目的、去个性的从众也易使群体丧失活力,不利于群体的发展。如此看来,从众是一把"双刃剑",在现实生活中我们应当注意对之扬利除弊。利用从众的积极效应,即利用榜样的力量,激发好的行为作为行为榜样而激发从众行为,是引导从众良性效应的一种有效方式。那么为了避免和消除消极从众效应,我们就要提高个体的认知能力,尽量避免大规模的群体集结,降低个体在群体中由于情绪互相感染、暗示和模仿,做出失去理智行为的可能性。

面对从众心理,我们要努力做一个理智的人,在自己独立地思考问题和处理问题的同时,应适当地主动地考虑大部分人的意见和看法,借鉴别人的经验,结合自己的情况多方面多角度分析问题。

(二) 从众效应对翻译批评主体的影响

从众效应是指批评者趋附时尚、人云亦云的心理现象。文学批评中的从众效应大致有两种情况：一种是"因袭旧说"，另一种是"趋附时尚"。因袭旧说是一种历史性从众，即认可曾被历史认可的东西；而趋附时尚则常含有某种屈从的意味，批评者需要适合某种风行的观念并不惜牺牲自己新鲜的看法为代价。翻译批评亦大抵如此。

只要我们分析一下中国翻译史就可以发现，用历史定论来为自己的批评寻找论据的例子非常多，一谈到具体的译作或译论，首先就是到传统的说法中去找根据。一谈到林纾的译作就言其"不忠"，一谈到傅雷的译作就讲其"传神"，一谈到"信、达、雅"就说"雅"作为翻译标准如何不当。而细究则会发现，评判者根本未曾认真研读过文本，未曾经过审慎的思考。这样的批评缺乏创造力和反传统的勇气，只善于在前人已经开拓的大路旁栽些树苗或填补一些坑坑洼洼，没想到要另辟新路，他们的头脑被传统束缚，觉得众人既然是这么前进，他们也必须这么前进，就仿佛在黑夜中行进，孤身一人难免提心吊胆，前怕狼后怕虎，跟随着一伙人，胆子总要壮些，气要粗些，尽管并不清楚自己会跟到什么地方。

趋附时尚则表现得更为明显。就以目前的中国翻译批评为例，在文化研究、跨学科研究风行的当代译界，批评者如果不谈论多元、文化、解构、跨学科等内容，就不足以显示批评者的与时俱进和学问高深。这也是整个翻译界乃至整个中国学术界趋附时尚的大环境在批评者内心的心理投射。当然我们想要强调的是，学术研究，特别是人文社会科学研究，它没有绝对的真理，研究应当是多样化、丰富多彩的，研究者应有自己的学术精神，有自己独特的声音，这是中国翻译界，也是整个中国学术界走向创新必须首先要解决的问题。总而言之，在所有的心理影响中，从众效应是对翻译批评的健康发展最有害的影响，必须引起我们的高度重视。

二、名人效应

(一) 名人效应理论

在意大利的一个小镇上，一栋看起来不起眼的二层楼住宅下面有个毫不起眼的阳台。但就是这个到处都不起眼的小地方，却常常挤满了慕名而来的游客。每个人都要在阳台上摄影留念，年轻的恋人们还不忘在门上写下海誓山盟，因为这是莎士比亚笔下经典爱情故事的女主角朱丽叶的家。这则故事包含着一种特殊的社会效应，一种能使原本的默默无闻变成众所周知、使不起眼变成全球闻名的神奇效应——名人效应。

所谓名人效应是指名人对大众的社会意识、社会行为的影响程度、范围和效果。名人的类型与所带来的名人效应有着莫大的关联。例如，让一位歌星去办学，可能起初会有不少人慕名而去，但时间一长，名人效应就会慢慢淡去。但是如果由一位在教育界非常有名气的学者来办学，那些来学校读书的人求的是孩子的成长，效果自然会比一位歌星办学好得多，而且带来的名人效应也会长久存在。名人所具有的名人效应是一项无形资产，这是因为名人效应具备无形资产的大部分特征。

名人是人们心目中的偶像，有着一呼百应的作用。一个出版商有一批滞销书久久不能脱手，便给总统送去一本，并三番五次去征求意见。忙于政务的总统不愿与他多纠缠，便回了一句："这本书不错。"出版商便大做广告："现有总统喜爱的书出售。"于是这些书被一抢而空。不久，这个出版商又有书卖不出去，又送了一本给总统。总统上了一回当，想奚落他就说："这本书糟透了。"出版商闻之，又做广告："现有总统讨厌的书出售。"仍有不少人出于好奇心而争相购买，书很快又卖完了。第三次，出版商又将书送给总统，总统接受了前两次教训，便不作任何答复。出版商仍大做广告："现有总统难以下结论的书，欲购从速！"居然又被一抢而空。总统哭笑不得，商人却大发其财。商人利用总统的声望，大肆宣扬其书是经过总统评论的。购书者出于好奇，想知道为什么总统会觉得那本书不错、讨厌和难以下结论，所以争相购买，这其中当然存在名人效应。由于总统属于众所周知的人物，又被世人尊敬，所以他的一举一动、一言一行都会被人关注。商人就是利用这一点卖书。

20 世纪 30 年代初，美国有两位大学生打赌，他们寄出了一封不写收信地址，只写"居里夫人收"的信，看它能否寄到居里夫人手里。结果，这封信真的寄到了居里夫人手里。人们对名人的追随有时比对权威的盲信更加缺乏理性。因为权威毕竟是在某个领域里有很高造诣的人，而人们对名人的追随往往和他的专业能力并无紧密关系，而仅仅是因为把名人神化。

名人效应对社会来说是一种极大的助力。但物极必反，由于名人所带来的效应是一种无形的资产，因此如何适当利用这无形的资产来获取利益就非常重要。倘若过度依赖名人效应所带来的利益，那么得到的必然会是反效果。如何正确对待名人所带来的社会效应呢？想要正确地处理名人效应，首先要了解这个名人在什么方面更能体现出名人效应，用在不恰当的地方只会有适得其反的效果。其次要准确地知道这个名人效应所能带来的利益和社会效应究竟是多少,如果心里没底,一味追求名人效应带来的金钱利益,那么这个名人只会如昙花一现。

总之,名人效应在推进社会发展中是必不可少的。但只有正确利用才能发挥出名人效应的优势,才不会陷入名人效应的泥潭而无法自拔。

(二) 名人效应对翻译批评主体的影响

名人效应是指以名家名译和名人理论为标准或依据进行翻译批评的现象。名人效应来自名人的实际能力或名望,它对周围的人构成精神感召力,甚至有时能左右人的意识行为。客观地来说,翻译,特别是文学翻译,是一种艺术性很强的活动,包含着深刻的再创造内涵,在评判时常常无法可依、无规范可循。在没有公认标准的前提下,名人的经典译作和话语就成了一种标准,一种依据。因此,在翻译批评界,名人效应尤为突出。这主要表现为以下两个方面。

1. 从名家名译中挖掘更多的东西

我国翻译批评界大多数评论者只对文学翻译中的名家名译感兴趣,而忽视数量更大的处于边缘地位的非主流翻译,如文学以外的各学科翻译、小人物的译作等,都很少纳入研究范围。以多年来中国译界对杨宪益、戴乃迭夫妇的译作《红楼梦》的批评为例,即使称不上浩如烟海,也快车载斗量了。这里除了译作本身质量的原因外,还有心理原因,因为《红楼梦》本身已在人们心目中占有一席之地,而译者又是"红学"专家,对这样的译作进行解析,其成功率就较高。在对名家名译批评的过程中,不仅能帮助读者加深对译作甚至原作的理解和鉴赏,反过来,原作和译作本身的光芒也能反射到批评上,同样使批评产生影响,可谓相得益彰。从这个意义上说,"马太效应"在翻译批评中同样适用。

2. 把名人的理论当公理

例如,我国翻译批评界恪守的"信、达、雅"原则就是如此。"信、达、雅"提出后,尽管在20世纪30年代以及后来的一段时间,曾引起激烈争论,但译界长期以来,直至现在,多数批评文章仍以"信、达、雅"为理论依据来判断译作的"忠实性、传神性"。作为公理,它具有其他理论所不具有的权威性、精练性和可阐释性,从而得到译界乃至读者群体的广泛承认。因此,名人所产生的心理效应既对批评者起作用,也对广大读者有效果。只要批评需要公理,这种效应就会存在。

名人效应影响下的翻译批评，一方面可能会给翻译实践和翻译研究带来积极有益的启发，引导它们朝着正确的方向走；另一方面也可能会使翻译实践和翻译研究躲在名人的羽翼下，或慑于名人的权威而安于现状、裹足不前。

第三节　翻译批评的客体

不论进行哪种实践活动，有施动者，就必然需要受动者。对于翻译批评而言，只有确定了批评的对象，即批评的客体，批评主体才能进行批评活动。对于翻译批评的客体，翻译批评界存在不少不同的看法，随着时间的推移，认识也在不断改变。在翻译批评出现初期，批评的文章大多以指出、纠正文中字词的错误和漏译为主线，注重单纯的正误判断和自己的感官意识，这对于帮助译者避免再犯同样的错误有积极作用。事实上，指摘一部错译的功劳，比翻五百部错译功劳更大。但值得注意的是，翻译批评如果仅仅局限于对字词翻译的评价上，便会失去翻译批评对于翻译所起的理论指导意义和学术价值。渐渐地，学者认识到这一点后，对于批评的对象纷纷做出了新的界定。"过去的一些批评大多侧重于指责字句的误译，而很少就译本做本质的、全面的批评。指责字句的误译，当然也是需要的，但这是不够的，批评工作还必须比这更进一步。我们希望今后的批评更注意从译文本质的问题上，从译者对原作的理解上，从译本传达原作的精神、风格的正确性上，从译本语言的运用上，以及从译者劳动态度与修养水平上，来做全面的深入的批评。"[1] 这段话常常被引用，也是因为致力于翻译批评的学者对于广义上的批评文章的期待。众学者对宏观层面的翻译批评呼声层出不穷，广义而言，翻译批评的对象是翻译现象，即外国文学的译本或翻译理论问题。此外，周仪、罗平、文军、刘树森、王宏印等也都对翻译批评的对象做出了各自的阐释。从他们的看法中，可以总结为两种把握的角度：广义的和狭义的角度。在广义的视角中，翻译批评的对象是翻译现象（包括原作、译者、译作、读者、社会效果、翻译理论等等）（许钧、刘树森、文军、郑海凌）；在狭义的视角中，翻译批评的对象是译作（周仪、罗干、华先发、刘宓庆、王宏印等）。我们注意到，不论是广义的把握，还是狭义的把握，他们在具体的论述中都非常注意宏观与微观的结合，而这正是当代翻译批

---

[1] 董晓波. 翻译概论［M］. 北京：对外经济贸易大学出版社，2012：221.

评理论对批评对象认识的必然要求。这里仅选取其中最常见的两种做介绍。

一、译者

译者既可以成为翻译批评的主体，也可以成为翻译批评的客体。大多数翻译批评都把眼光主要投在译作上，本着就事论事的原则，甚至常避免直接提及译者姓名，以避免主观臆断，偏私之嫌，对于译者的研究算不上是翻译批评的主流。但是，译者是原作和译作的沟通桥梁，对于译者的研究意义是绝对不容忽视的。早在1994年，文楚安就在《中国当代翻译百论》上发表了《一种翻译批评观：论文学作品的合格译者》比较早而且比较清晰地把译者批评摆在翻译批评的显要位置。在许钧的研究中，从广义上讲，文学翻译的批评不应仅仅局限于对译文本身的评价。译者对原著的选择，译者的价值取向与翻译道德、态度等都属于批评的范畴。

近年来，学者对于译者主体性的关注呈上升的趋势，主要以对著名翻译家的翻译风格和翻译作品为对象进行分析评价，最为人所熟知的钱钟书先生所著的《林纾的翻译》就属于以译者为客体的批评。这一类研究属于几种以译者为客体的批评中的一类，即以某一位译者的翻译思想或译作为客体的批评。此类翻译批评往往以名家名译为客体，研究某一翻译家的翻译历程、翻译思想、翻译风格，翻译方法、翻译贡献等，如傅雷翻译研究、鲁迅翻译研究、张谷若翻译研究等等。除一些对于名家译作的翻译批评专著外，还有一些散见于《中国翻译》等学术期刊上的批评论文，乃至一些对翻译界泰斗级人物的访谈记录和评议都可归于此类。

以译者为客体的翻译批评还可以是以同一作品的多个译者为对象的批评。这类批评可以与译作批评同时进行，比较各个译者对原文理解的不同角度、翻译的不同切入点、读者不同的译文所达到的不同效果做出的反映等多方面因素，直接或间接地指出其优劣高下，或进行优势互补型的分析探讨，可为后来的再译者提供良好的借鉴。这类批评中最常见的莫过于对《红楼梦》两个不同的英文全译本，即杨宪益、戴乃迭的译本"*A Dream of Red Mansions*"和戴维·霍克思（David Hawkes）等的译本"*The Story of the Stone*"批评研究。还有一些如《简·爱》《傲慢与偏见》《苔丝》《红字》《呼啸山庄》《红与黑》《论读书》等名著名篇的不同译本及译者的批评比较。

除以上两种外，还有一种以译者群为客体的翻译批评，也就是一部作品由几个译者合作翻译，这几个译者可看作为一个译者群体。这类翻译中既包含母语相同的译者之间的合作，也包括母语不同的译者之间的合作。二者均有各自的优势，母语相同的译者在理解母语方面可以相互探讨，做到更加全面、透彻；而母语不同的译者合作可以增强译文的准确性和地道性。除了根据译者母语的差别分类以外，译者群还有其他多种形式，比如佛经翻译时期采取的是众多译者分工合作共同翻译一部作品；林纾的译作是由魏易口述后将翻译付诸文字的形式完成。另外，还有的将一部作品分割成若干部分，各部分分别由不同译者独立完成，然后再互相校对确定终稿，这种形式效率较高，实用性较强。现今许多公司的实用文件翻译和快速出版物的翻译大多采用这种形式。然而，不管是哪种译者群形式，翻译批评都应发挥其应有的作用，促进合理分析每个译者的特点，发挥每一个译者的最大优势，保证合译作品的质量。

二、译作

以翻译作品为对象的翻译批评研究在我国的翻译批评研究中的比重和地位是不言而喻的。无论是对译者风格、翻译过程、还是翻译理论等的批评，首先都要通过译作这一显性文本进行体现，所以即使是不直接进行译作批评，在进行其他方面的翻译批评时，还是要多多少少涉及一些译作的品评。因此，以译作为对象是翻译批评不可跳过的一部分。译本是严肃的译者的艺术再创造的成果，是译者审美追求的具体体现，是译者的作品。伪劣假冒的东西不能够视为译本，它们不属于翻译批评的范畴，而属于揭露和打击的对象。而翻译批评作为一种审美评价活动和较为完整的、系统的学术研究活动，其任务并不是打击伪劣假冒的译文，而是以科学的方法对译本（或翻译理论问题）的艺术价值和不足进行理论上的鉴别和判断，从中探索译者的艺术技巧和审美境界，以引导提高读者的鉴别能力。单一的"挑错式"的批评模式会使翻译批评的功用大打折扣，批评者需要注意将译作作为一个整体宏观上研究其产生的文化、历史意义和社会影响，如某一译作的出现是否对译入语的历史文化进步起到了推动作用，是否促进了两种文化之间的友好交流，是否对译入语社会发展产生了积极的影响等。当然，对于译作的内部剖析还是译作批评的主流。对译作的内部剖析有客观的语言性的分析，也有对译作风格的艺术性分析。语言性分析可以从选词造句、语法结构、修辞手法等方面着手对译作进行评价；而艺术性分析可以从译作的语言特点和意境表达等方面比较、品评。

尽管将译者和译作分别作为两种批评客体进行介绍，但实际上，在批评过程中，对译者和译作的批评几乎是分不开的，尤其是评价译者的时候，免不了要提及译者的某些译作。

○ 第二章　翻译批评的主体、客体和参照系 ○

第四节　批评的参照系探讨

　　参照系或参照物原是物理学用语，引申至一般现象，指描述事物时用于比较的另一个事物，或做判断时作为基准的一个标尺，即这些描述或判断是相对于什么而言的。由于同一物体的位置和运动状态从不同的参照系看来是不一样的，因此只有先选定参照系，才可能对物体的状态做出描述或判断。事实上，这也是逻辑本身的需要，很难设想在没有参照的情况下能做出什么令人信服的判断。比如，在分析译本语言相对于原作的"变"与"不变"时，如果不说明是相对于什么而言（如是在哪一级语言层次上的"变"，依据的语言结构分析是基于原语还是基于译语），甚至连分类都无法进行。

　　物理学对参照系还有一个说明，就是这些参照系和所要描述的物体相比，是相对静止或相对稳定的，这就在一定程度上对使用参照系概念时很容易出现的相对主义有所控制。

　　翻译批评少不了描述或者判断，因此也必须有参照，即有所依据。在做具体的比较、分析时，翻译批评需要选择与译本相关的一些横向或纵向因素作为参照，如比较重译、复译本时，要参照前译本、其他译本等等，这是不言而喻的，但这是从操作层面而言的，这种参照，或可称作参照物。参照系则是一个比较宏观、比较抽象的概念，一般指一个综合性的体系，即便是以"物"的形式出现，也表现为由"物"中多种因素形成的某个系统。按常规理解，翻译批评最根本的依据是批评的标准。翻译理论问题不解决，批评就没有一个可以依据的标准，翻译质量就无法保证。众所周知，翻译批评标准不完全等于翻译标准，二者的视角和范围是不一样的，一般来说，前者可以涵盖后者。翻译标准受多种因素制约，但是在翻译过程中，为译者设定标准提供参照的两个基本要素一般是原作和（主要是由翻译目的所确定的）读者，而翻译批评除了必须考虑译者所要参照的这些因素以外，还要讲道理，这就突出了理论依据的作用。这些理论依据可以是综合多种因素形成的翻译批评标准，也可以是服从于特定的批评目的的各种理论。此外，翻译批评还可能需要参照包括译者本身及其所处环境在内的其他因素，这体现了翻译批评毕竟不同于翻译活动的多维视角。

　　这样就形成了翻译批评的三个主要的参照系。也就是说，翻译批评考察的是译作、译者等，依据的是原作、读者的反应、理论根据。在这三个参照系中，原作和读者经常作为翻译标准的两极出现，而理论依据则是内涵比较丰富的一个概念，也是翻译批评所独有的。根据不同的理论依据，翻译批评甚至可以对另外两个参照系，即作为基本要素的原作和读者，做出符合自己要求的解释和体现不同侧重的选择。在翻译批评中，这三个参照系的资料来源分别是：

第一，原作。批评者的依据主要来自：（1）本人对作品的理解和感受；（2）对相关背景资料的占有；（3）文本分析（包括语料库资料分析）的结果。

第二，读者反映。批评者可以：（1）以自己作为读者的体验为依据；（2）采用设计合理、分析客观的调查结果作为支持或补充；（3）采用其他资料。

第三，理论依据。翻译批评的理论依据主要来自翻译理论研究，尤其是翻译标准研究。广义翻译批评的理论来源可以大大超出翻译理论的范畴，许多其他领域的理论，如文学批评理论、文化研究理论等都可以应用于翻译批评，这同样是因为翻译批评和翻译实践活动的视角不同。

第三章　翻译批评的标准探讨

在翻译批评的研究中，翻译批评的标准很重要，这也是人们进行翻译批评活动的重要参考依据。本章首先分析了翻译标准与翻译批评标准的异同以及关系，接着进一步探讨了翻译批评标准的设定与依据，论述了翻译批评标准的性质，最后详细地研究了翻译批评标准的传统思路与创新思路等相关的内容。

第一节　翻译标准与翻译批评标准的异同以及关系

一、翻译标准与翻译批评标准的异同

随着经济全球化的发展，世界各国之间的交往也愈发频繁。翻译作为一种跨文化交际活动，逐渐发展成一门独立学科——翻译学。翻译批评被视为翻译学的三大支柱之一，是检验翻译学的一个关键准则。[1] 正如纽马克（Newmark）所言，"翻译批评是翻译理论和实践之间的一条根本的纽带"。[2] 如何让翻译批评更好地起到纽带作用，确定好翻译批评标准至关重要。然而，在长期的翻译批评实践活动中，翻译批评标准和翻译标准总是交叉使用。因此，对这对概念异同的研究在翻译批评界有着积极的意义。

---

[1] Wilss, Wolfram. *The Science of Translation: Problems and Methods* [M]. Shanghai: Shanghai Foreign Language Education Press, 2001: 217.

[2] Peter, Newmark. *A Textbook of Translation* [M]. Shanghai: Shanghai Foreign Language Education Press, 2004: 184.

(一) 翻译标准与翻译批评标准的定义

1. 翻译标准的定义

方梦之把翻译标准定义为"翻译活动必须遵循的准绳，是衡量译文质量的尺度，是翻译工作者不断努力以期达到的目标。"[①] 自从有翻译活动以来，有关翻译标准的争论一直不断。杨晓荣在《翻译批评导论》一书中，根据侧重、起源、理论特征及影响程度，将以往的有关翻译标准的各种理论归为五种：第一种，源于翻译经验和写作理论的"信、达、雅"与三原则；第二种，源于美学思想和文学理论的神似、化境与文学翻译创造性理论；第三种，以多学科理论为基础的对等论；第四种，以跨学科流派思想为基础的功能主义等翻译标准论；第五种，以哲学观念和哲学方法为基本特征的翻译标准论。[②]

上述各种类别的翻译标准是建立在翻译实践经验和语言学以及多学科交织基础上的。这些标准可为译者选择具体的翻译策略或方法提供原则性参照。但是，在翻译实践中这些标准的使用也不是绝对的。简言之，译者在进行翻译活动时，翻译标准就是其准绳，然而，有些时候受某些客观原因的影响，翻译标准也不是绝对的准绳。

2. 翻译批评标准的定义

翻译批评也有自己标准和尺度，一种是较为抽象的、固定的存在，另一种是顺应不同时空、不同体裁、不同载体、不同用途的，经常受到外来理论和实践影响的存在。[③] 所谓"翻译批评标准"，顾名思义，就是在具体的翻译批评实践活动中，翻译批评者要把握的批评标准和原则。或者说，翻译批评者用来评估译文达到最佳翻译效果所遵循的准则。虽然翻译批评标准是批评实践中批评者要遵循的准则，但是通常有这样的情况出现，同样采用"忠实"标准的批评者也可能对同一批评对象做出相去甚远甚至截然相反的评判。因为语言是不断发展的，翻译活动作为语言实践活动的一种，充分考虑历史因素、译者的教育背景以及译作产生的背景因素等对于翻译批评标准的确定至关重要。所以，总的来说，对于翻译批评标准的界定，要综合各方面的考虑，即批评主体在坚持自己标准的同时，应充分考虑和尊重话语权威和文化氛围对翻译的诉求，包括审美的、文化的、政治的、历史的、诗学的等各方面的诉求。[④]

---

① 方梦之. 译学辞典 [K]. 上海：上海外语教育出版社，2004：23.
② 杨晓荣. 翻译批评导论 [M]. 北京：中国对外翻译出版公司，2005：104.
③ 朱自清. 标准与尺度 [M]. 南宁：广西师范大学出版社，2004：14.
④ 温秀颖. 翻译批评——从理论到实践 [M]. 天津：南开大学出版社，2007：127.

(二) 翻译标准与翻译批评标准的不同点和相同点

对于翻译标准和翻译批评标准,过去不少人都认为二者基本一致,没有多少差别。那是以文本为中心的翻译批评。现在翻译批评的对象扩大了,标准自然增多了,当然二者的区别也就很大。这个问题很值得我们去研究。[①]

从翻译批评的定义来看,翻译批评是依照一定的翻译标准,采用某种论证方法,对一部译作进行分析与评论,或通过比较一部作品的不同译本对翻译中的某种现象做出评论。从上述翻译批评的定义可以看出,翻译标准和翻译批评标准在很多情况下被当作一个问题来讨论,其主要的原因还是长期以来翻译批评主要侧重于不同文本之间的正误分析。长此以往,翻译批评标准也就和翻译标准重合了。根据哲学中的辩证唯物主义观,任何事物都具有共性和个性,翻译标准和翻译批评标准这对概念当然也不例外。

1. 翻译标准和翻译批评标准的不同点

(1) 二者的术语翻译不同

国内翻译批评理论研究一直习惯把"翻译批评的标准"与"翻译(的)标准"视为同一物。而在西方翻译界中,对二者的界定则比较明确,在《翻译研究百科全书》中,"翻译批评的标准"用 evaluation criteria、standard/criteria of quality 或者 criteria of assessment/evaluation 来表达,而"翻译(的)标准"则用"translation principle"来表达。

(2) 二者的主客体不同

翻译的主体是译者,而翻译批评的主体是批评者;翻译的客体是原文及译文文本、文本作者、原文及译文文本读者的三元复合体,而翻译批评的客体可以包括译品、译事、译者、译论和翻译过程等等。所以,通过以上分析可以看出,翻译和翻译批评二者的主客体是不一样的,在评价翻译和翻译批评时所遵循的标准自然也不同。

(3) 二者把握标准的意识不同

即译者在从事具体的翻译活动时都会按照既定的翻译标准进行。但是,当译者遇到棘手的翻译问题时,他可能会采取不同的翻译标准进行翻译。所以,有些时候译者可能会忘记自己先前定下的翻译标准。就翻译批评标准而言,批评者总是在批评之前就已经设定了批评的标准和体系框架,会自始至终按照既

---

① 杨自俭. 简论翻译批评——《文学翻译批评论稿》序 [J]. 解放军外国语学院学报,2006,(1).

定的标准将批评进行下去。因此,从翻译和翻译批评过程中把握标准的意识来看,两者明显不同。

(4) 二者的存在状态不同

翻译标准更多是一种共时性的存在样态,具有相对的稳定性,而翻译批评标准更多是一种历时性的存在状态,具有动态变化的特征。① 因为一旦作者完成一部译作,译者对原作的各种理解和思考就都凝结在作品之中,此时翻译批评者作为后来的阐释者,可能在另外不同的背景下展开评论,这种时空的差异使得批评者和译者的标准不可能完全一致。所以,翻译标准是在一定的阶段共时性存在的;而批评的标准是回顾性的、历时性存在的。

(5) 二者的功能不同

翻译标准的功能主要是用于指导翻译实践,使译者能够译出更好的译文。但是,翻译批评标准除了这些功能之外,还有纠正译者的译风和译德、检验和修正翻译理论等更为广泛的功能。

2. 翻译标准和翻译批评标准的相同点

翻译标准和翻译批评标准经常处于重合状态,说到底,翻译批评的标准主要还是以翻译标准为基础的。② 其中还有一个最主要的原因就是:翻译批评总要站在译者的角度来看翻译。③ 所以,在涉及译文的评价时,译者遵循的翻译标准也就是批评者在翻译批评时所遵循的翻译批评标准,然而,这时候的翻译批评活动更多关注的是译文是否符合翻译标准所规定的要求。

通过对翻译标准和翻译批评标准这对概念的研究,我们发现两者实际上是对立统一的关系。翻译批评标准是翻译标准的试金石,同样也是一把衡量译者在翻译活动中合理使用翻译标准的尺子,在其监督下能产生好的译文。同时,其也不断修正和发展翻译标准。所以,在讨论翻译批评的标准之前,首先要区分翻译批评标准和翻译标准。④ 因此,凡是认为翻译标准和翻译批评标准之间没有任何关系或者是将两者混淆在一起、认为二者是一个概念的认识,都是不顾翻译和翻译批评实践现实的片面认识。

总之,在翻译实践中要译出精品,就不得不重视翻译标准的研究,而翻译批评要起到连接理论和实践的纽带作用,就绝对不能忽视对翻译批评标准的研究。与此同时,也应该注意到,翻译标准不是绝对的,也会受到客观条件的制

---

① 温秀颖. 翻译批评——从理论到实践 [M]. 天津: 南开大学出版社, 2007: 127.
② 肖维青. 翻译批评模式研究 [M]. 上海: 上海外语教育出版社, 2010: 133.
③ 杨晓荣. 翻译批评导论 [M]. 北京: 中国对外翻译出版公司, 2005: 104.
④ 邵成军. 翻译批评管窥 [J]. 外语与外语教学, 2003 (3).

约。翻译批评标准也要综合考虑多方面因素，才能做到批评的客观性和公正性。因此，正确把握两者的关系，对于翻译和翻译批评的发展大有裨益。

二、翻译标准与翻译批评标准的关系

翻译标准与翻译批评标准之间是既相互联系甚至重叠，又彼此独立的。二者之间主要呈现以下三种关系：

（一）叠重共生关系

在这种关系中，翻译标准就是翻译批评标准，也就是说，翻译批评标准的设立及运用是以译者确立的翻译标准为依据的，二者在翻译实践和翻译批评实践中互相印证、补充和发展。基于此，这里凡是在这个意义上使用二者时，也是混用的。

（二）对立统一关系

在这种关系中，翻译标准是翻译批评标准的检验对象，翻译批评标准的设立和运用是以拷问译者所确立的翻译标准的合理性为依据的，翻译批评的目的是修正或推翻并最终发展翻译标准。

（三）独立并行关系

在这种关系中，翻译标准所追求的目标与翻译批评标准所确立的评价指标没有交集，而是各自在不同的价值体系中运作，不存在谁证实谁或谁推翻谁的结果。总之，翻译标准与翻译批评标准都是翻译理论研究的核心问题，翻译要出精品，就要重视翻译标准的研究，翻译批评要起到连接翻译实践与翻译理论研究的纽带作用，也要重视批评标准的研究。

第二节　翻译批评标准的设定与依据

一、翻译批评标准的设定

在明确了翻译批评有无标准，翻译批评标准与翻译标准之间的关系之后，

紧接着便会产生一个新的问题：翻译批评标准由谁来设定？既然批评的主体是由读者、专家学者和翻译家构成，那么批评的标准自然也由他们设定，即谁批评、谁设定标准。首先，翻译批评的标准不仅仅是一个语言转换的标准，而且还可能是某种价值判断标准，某种思想标准、道德标准、伦理标准，而后面这些标准又绝非是某个个体仅凭自己的喜好就可以确定的；其次，由于每个读者、专家学者和翻译家的生活构成、文化构成、政治立场和思维特征各不相同，在每个人的心目中，翻译所呈现出的面目也不尽相同。那么，照此类推，则必然会导致翻译批评的泛标准化，并最终导致翻译批评的无标准。

既然批评主体不能独立成为标准的设定者，在批评实践中随心所欲地按照自己设定的标准去评价译文，那么标准设定的任务到底应当由谁来承担呢？我们认为，翻译批评主体仍然是而且永远是批评标准的主要设定者，但在标准设定的过程中，他必须考虑其他外在力量的影响和制约，在折中的基础上求同存异。这里我们主要对其中的两种力量展开讨论，它们是话语权威和文化氛围。

所谓话语权威，是指那些对翻译活动拥有裁决权的人和机构，如国家领导人、政府机构、委托人、赞助人、学界名流等。他们也许并不亲自去进行翻译和翻译批评，但是他们却可以为翻译和批评设定一个衡量的参照标准，从而影响翻译批评的实践。如1964年中国主要的专业对外宣传部门之一的外文出版发行事业局就制定了一个工作条例试行草案，其中关于翻译（批评）标准问题，该草案这样规定：

第一，译文必须忠实于原文。这里指忠实于原文的意思和风格，也就是把中文的内容用外文正确地表达出来。各种不同内容的文章，各有各的体裁和专门术语，翻译经典著作必须采用马克思列宁主义的术语和表达方法，翻译文艺作品必须用文学语言。

第二，译文必须是流畅的外文。译文必须合乎所译外文的语法习惯，让使用这种民族语言的读者正确了解原意。此外，国外也有类似的权威机构对翻译标准做出规定。

翻译批评主体在进行翻译批评时，不能不受到这些标准的制约和影响，否则，批评文章就很难在由话语权威赞助和控制的刊物上发表，批评也就失去了应有的影响力。

所谓文化氛围，是指由语言、历史、政治、经济、风俗、习惯、生活方式、行为方式、社会意识形态等构成的复杂关系。这些关系会在无形之中影响翻译批评标准的设定，即在潜在的层面上发挥影响作用，具体表现为同一译作在A文化氛围中被视为失败，而在B文化氛围中则可能被视为成功，反之亦然。例如，中国翻译文学的萌芽时期（1870—1894）、发展时期（1895—1906）与繁盛时期（1907—1919）相比，由于时代的变迁，人们思想意识的变化，译者翻译目的的改变，翻译作品所呈现出来的话语方式也有着很大的不同。郭延礼在总结这三个时期的特点时发现，萌芽期的译作大多不标明原作者，小说译文多系节译，诗歌译文多散见于其他译著中。发展期的翻译小说类型比较完备；翻译目的在于输入文明或借鉴其思想意义，文学意识薄弱；翻译方法以意译和译述为主；译作样态因袭中国传统小说的程序等；翻译体例不完备，不注明原著者或译者以及译名混乱。繁盛期的翻译文学体裁更加完备，翻译家提高了对自身工作的认识，文学意识强化，开始重视名家名著的翻译，翻译质量明显提高，出现了直译和翻译文体通俗化的倾向。郭的批评是建立在现代文化氛围、接受美学、文学翻译诗学标准基础之上的，如果将该批评置于译作产生时期的文化氛围中，则这一批评的话语方式可能会完全不同，如因袭中国传统小说的程序和故套可能会因其读起来就像用中国文进行的创作一样而备受追捧。又如，中国文学界和翻译界对赛珍珠的评价也充分说明了文化氛围对批评标准的影响。1949年以前，对赛珍珠的评价是毁誉参半的；1949年以后至20世纪70年代，是基本否定的，这个时期，赛珍珠被冠以"帝国主义文化侵略的急先锋"的称号；改革开放后，是基本肯定的，这个时期，赛珍珠被称为中西文化交流的"人桥"。

由此，我们可以大体确立翻译批评标准设定者——批评主体及其与两个外在制约力量间的关系：批评主体是标准的具体设定者和执行者，话语权威和文化氛围则对其构成限定和制约，其中话语权威是显性的限定和制约力量，文化氛围是隐性的限定和制约力量。在批评实践中，绝大多数批评主体都会接受抑或屈从于话语权威和/或文化氛围的限定和制约，但也有少数批评主体总是努力突破它们。当然，这三者之间也不总是对抗的，在一定的时期内它们也可能形成协作共生的关系，并在一定的条件下由批评主体的个体行为向文化氛围的群体行为演化。如中国译界的泰斗人物严复、鲁迅、傅雷等人，他们在起初也只是以个人的身份来对翻译提出一些见解，但由于他们在翻译实践上的突出成就，他们的见解便逐渐得到公众的认可，从而具有了权威性，并进而成为整个翻译活动的评判标准。随着时间的推移，这些见解进一步与社会的文学、道德、伦理、政治等观念结合，成为一套翻译活动规范贯彻到翻译和翻译批评实践中，便具有了文化氛围的意义。

依据上述讨论，我们可以直观、合理地推演出批评主体以及话语权威和文化氛围设定翻译批评标准的不同的特征：第一，就批评主体而言，凡令我满意的、符合我审美期待的译作就是好的译作，反之则是劣译；第二，就话语权威而言，除符合自我审美期待外，还要符合某种美学、哲学和道德观念的译作才是好译作，反之则不是；第三，就文化氛围而言，同译入语整体文化氛围相协调的译作才是好的译作，反之就不是。

  作为批评个体，每个批评者的审美期待、接受心理可能都是不同的，而这些不同都会不同程度地影响其对译作的评价。一个读者，在他产生阅读外国文学作品的愿望，准备阅读的时候，对他想象的或心目中的外国文学作品就已经有了一种审美期待。而正是在这种审美期待的影响下，读者对译作的批评才产生了其个性化特征。在输入新鲜养分给译语时，应不损害译语的纯洁，不能一味地追求"洋味"，也不能一味要求归化。在这样两种不同的接受心理和审美期待中，读者对同一部译作的评价肯定是不一样的。以此来看，批评主体自己设定的标准带有强烈的个人主观色彩，如果翻译批评仅以此作为检验翻译活动的途径，显然难以做到客观和科学。

  作为话语权威，其思想通常具有一定的代表性，因而的确可以作为标准来判断某些译作的优劣。但问题的关键是，话语权威作为在生活中的人，他的话语也往往是针对具体场合中的具体事件有感而发，而一旦将他的话语擢升到权威性的高度后，也就失去了话语的具体针对性。如在严复的观念中，译文既要忠于原文，又要通顺畅达，还要有文采。很显然，这是严复针对当时的社会历史状况，结合自己的翻译目的以及自己翻译实践的体会有感而发的。但可能令严复意想不到的是，此译论一出备受赞誉。由于此三字高度概括，不少翻译理论家就对其加以解释阐述，并结合自己的经验进行发挥。严复的有感而发也就被擢升至权威性的高度，但与此同时，其话语也就失去了其时、其事的针对性，从而生发出众多新的甚至互相矛盾的阐释。傅雷的"神似"、钱钟书的"化境"无不如此。但是这种阐释的无穷性使得话语权威的见解也逐渐失去其解释的有效性。因此，单以话语权威设定的标准来检验翻译活动也不完全可靠。

  文化氛围是指由语言、历史、政治、经济、风俗、习惯、生活方式、行为方式、社会意识形态等构成的复杂关系，这种关系熔铸、作用于生活在其中的每一个人。因此，当批评主体以个人好恶为标准进行批评时，我们很难说他的批评是不受其他因素影响的纯粹意义上的个人评判。正如现代哲学释义学的奠基人伽达默尔所指出的那样，解释者（译者、批评者）在解释之前，要解释的东西已经在他的世界观中，是他预先已有的东西，即"前有"。解释者所处的文化氛围，如其所处的社会背景、传统观念、风俗习惯，其所处时代的知识水平、精神和思想状况、物质条件，他所从属的民族的心理结构等这一切，他一存在就已经有了并注定为他所有。前有往往隐而不显，但它决定解释者的理解和解释。文化氛围的这种社会性、群体性制约特征，使得以文化氛围作为标准的批评具有了某种客观性，因而更容易为读者群体所接受。

以意识形态这一文化氛围为例，在遇到与译入语意识形态相抵触的问题，特别是碰到政治、宗教或一些涉及道德标准的问题时，译者便会十分小心谨慎，不是删掉原著中读者不能接受的意识形态，便是诸多解释，唯恐读者因误会而加罪。在我国社会主义政治、道德标准下，这样的变通处理虽然有违翻译的基本准则，但它更符合译入语的政治、道德要求，更能为译入语文化氛围内的普通读者所接受。

但是，我们必须指出，文化氛围也并非固定不变的系统，而是随着时代历史的发展而逐渐行化的。翻译本身也并不总是被动地接受固有的译入语文化的评判，而总是试图冲击固有的文化系统。因此，文化系统内部各个因素的力量之间也只有相对的平衡，这样在同一文化氛围之内也可以有不同的文化价值标准。以五四时期和20世纪30年代为例，时值我国第三次翻译高潮，一批知识分子试图打破旧有的社会和文化体制，建立新的社会文化体系。他们以翻译为武器，向旧的诗学标准和意识形态发起冲击；提倡"欧化"翻译，提倡"民主"和"科学"。而在这些冲击力量中，不同的文学团体，也选择了不同的意识形态甚至不同的诗学标准来筛选和评价翻译。如以郑振铎、茅盾为代表的文学研究会主张"文学为人生"，并在这种思想指导下翻译了大量外国现实主义的作品，而以郭沫若为首的"创造社"则主张"为艺术而艺术"，他们着意翻译的是外国浪漫主义作家的作品。两个团体之间由于各自诗学主张的不同，曾展开过激烈的争论。因此，以文化氛围来设定翻译批评的标准，也有其片面性和局限性。

基于翻译批评标准设定者及其制约力量的上述特征我们认为，翻译批评标准设定的最佳途径就是综合，即批评主体在坚持自己标准的同时应充分考虑和尊重话语权威和文化氛围对翻译的诉求，包括审美的、文化的、政治的、历史的、诗学的等各方面的诉求，只有这样翻译批评才能最大限度地做到客观、公正，从而在翻译学建设中真正发挥其应有的作用。

二、翻译批评标准的依据

批评标准是一个应用于批评活动的尺度，批评家是用它来评定作品的位次的，但同时批评标准又应该有一定的依据，任一批评标准的合理性都应在理论规范的层次上得以说明，否则就会造成批评标准自身的混乱，不能达到以标准来衡量作品的目的。那么，设定翻译批评标准的依据是什么呢？

在现实中我们常常可以看到：张三提出某某标准，李四认为不行，于是提出自己的一套，又遭到张三甚至王五的批驳，如此反复，这里的问题常常就出在没有给定条件，即没有给自己的标准限定范围。对翻译而言，说无条件就无法确定标准是并不过分的。然而，划定标准的范围并不是一件容易的事，这其中存在着太多的变量，我们无能力对每一种可能的变量都做出预测和考察，也只能从宏观的角度提出我们对标准的设定依据的看法。

设定翻译批评标准的依据包括两个方面：一是翻译的自律性视角，亦即内在视角，它从翻译自身的规定性出发，为原作和译作以及同一原作的不同译作之间在语义、修辞、文体、风格等方面进行比较、分析和评判确立标准；二是翻译的他律性视角，即外在视角，它从翻译外在的规定性出发，为描述、分析和评判译入语文化对译者在选材、翻译策略制定、文本操控（如删节、改写、误译）等方面的影响，以及译作在译入语文化中的接受、重构乃至受到的抵制等确立标准。

长期以来，我们设定翻译批评标准的依据多囿于内在视角，批评的注意力主要集中在翻译作品本身，集中在译作对原作是否忠实，集中在翻译技巧的运用是否精妙、语言转换是否传神等问题上。到了20世纪90年代，特别是20世纪90年代后半期，由于受到西方翻译研究"文化转向"的影响，翻译批评的外在视角开始得到重视和强调，批评的注意力开始转向影响翻译活动的外在因素，集中在译入语政治、经济、文化、宗教信仰等对译者的制约和影响上，而内在研究则被视为落后、狭隘、低级。我们认为，从翻译学建设的高度讲，两种视角的批评都是不可缺少的，片面地强调一个视角而排斥和贬低另一个视角，是一种目光短浅、思想狭隘的学术话语霸权行为，无法为翻译批评标准的设立找到合理的依据。理想的做法应当是兼收并蓄，即在设定批评标准时，一方面要关注翻译活动的背景，如哲学的、历史的、社会的、政治的、经济的、文化的背景等，这样在批评特定的翻译作品时，就能够超越内在视角只关注翻译活动的语文学、语言学和文艺学（文学作品）等规定性，达到某种思想的高度；另一方面还要关注翻译活动本身的法则，语言的转换、忠实、再创造、直译、意译等，这样翻译批评就不会失去自身的规定性，成为其他批评（如文化批评、历史批评、道德批评等）的附庸。我国文学批评大师刘勰在《文心雕龙·知音》篇中提出了文学批评的"六观"，即"是以将阅文情，先标六观：一观位体，二观置辞，三观通变，四观奇正，五观事义，六观宫商。斯术既形，则优劣见矣"。[1] 这里刘勰明确提出了文学批评中对文学自身特性进行观察的重要性。我们认为，翻译批评同样需要这六观。

还需要指出的是，翻译批评标准的依据也不是恒定守常、一成不变的，而是会随着其批评对象有所调整的。以"忠实"的批评标准与批评对象的关系为例。我们通常的理解是，翻译就是要忠实地再现原作的形式和内容，而翻译批评就是指出译作是否成功地再现了原作的形式和内容，这似乎适用于一切翻译（文学的和非文学的）和翻译批评。但是实际上对不同的批评对象，"忠实"本身的内涵是不同的，文学翻译批评中"忠实"的内涵可能要从内容和形式（抑或思想和艺术）两个维度去考察，而非文学翻译中，其内涵则可能只需从内容的维度去考察即可。而且即使是文学翻译，为了某种目的（如迎合译入语读者的阅读习惯或顺从译入语社会的意识形态），译者有意识地对原文进行改写的情况也时有发生。可以设想，"忠实"主要是一个批评者看待译作与原作关系的尺码，而从具体的翻译实践来看，这种关系又是一个不定的变量，原作的价值、译者的目的、译者对翻译本质的认识、译入语的社会文化状况等因素，都是引起二者关系发生变化的诱因，因此，"忠实"这一批评标准的依据很难保持一种固定的状态，而是会随着批评对象的变化而有所调整。从这个意义上讲，在翻译批评实践中，同样采用"忠实"标准的批评者却对同一批评对象做出相去甚远、甚至截然相反的评判，也就可以理解。

第三节 翻译批评标准的性质

一、翻译批评标准的多样性

翻译批评标准的多样性是由批评对象的多样性决定的。翻译批评的对象是构成翻译活动整体的各个因素，即翻译批评不仅有译文与原文对照的批评、译者的批评，而且有翻译过程、译作影响与翻译理论的批评。不同的批评对象要求有不同的批评标准与之相适应。否则，一个标准一统天下，便难免文不对题，更难做到言之成理、令人信服。下面我们从两个方面对此加以说明。

首先，我们以文本的批评为例，来说明批评标准的多样性。从宏观上讲，

---

[1] 邵培仁. 华夏传播理论 [M]. 杭州：浙江大学出版社，2020：140.

文本可分为文学文本和非文学文本，两者又都可进行更加详细的切分。如文学文本可分为诗歌、散文、小说、戏剧、歌曲等，诗歌又可分为抒情诗、叙事诗、史诗、格律诗、散文诗等，散文也可分为叙事散文、抒情散文、说理散文等，小说可以分为长篇小说、短篇小说、小小说、哲理小说、试验小说等，戏剧可分为悲剧、喜剧、悲喜剧、话剧、歌剧等。非文学文本可分为科技、商贸、广告、影视（影视作品的翻译也可归入文学类翻译）等，其中每一类又可以细分，如科学文本可分为天文学、地理学、物理学、化学、医学、植物学文本等。各文本类型无论是语言特征，还是文体特征都不相同，如果都用一个标准去要求它们，显然有失科学和公允。在为翻译确定标准方面，文本类型起着首要作用，对于翻译批评同样如此，这一点没有被否认的可能。

其次，翻译实践所面对的除文本类型的千差万别外，还存在着摘译、编译、译述、缩译、综述、述评、译评、改译、阐译、译写、参译等不同的翻译变体。这些不同的变体都有优劣的评价问题，所以也都应有不同的评价标准。这是造成批评标准多样性的又一主要原因。

二、翻译批评标准的关联性

翻译批评标准的关联性与其历史性和多元性是密切相关的，也是翻译批评客观性的必然要求。

首先，批评标准的历史性要求标准的应用应考虑批评对象的历史语境，从而在它们之间建立起合乎逻辑的内在联系，避免时空的倒错，用今法去苛求古人，或用古法来指责今人。也就是说，批评的标准须具有历史关联性。

其次，批评标准的多元性要求标准的应用应考虑批评对象的属类及本质特征，如批评对象的文本类型，从而在标准和对象之间找到最佳的契合点，避免因批评对象的属类不清而造成标准的张冠李戴。也就是说，批评的标准须具有对象关联性。

最后，翻译批评的客观性诉求也要求标准的应用应考虑批评对象的翻译属性，即批评对象必须是翻译作品而不是其他，不论它是严格意义上的翻译作品还是翻译的变体，这里批评所关注的是客观地确定目的语文本是否或多大程度上表现了源语文本的内容。那种为达到某种个人或集团目的而假托翻译之名的伪翻译，是无法用翻译批评的标准进行衡量的。

总之，翻译批评要做到科学化、客观化，那么在批评标准的适用和操作上就必须注意其历史、对象和翻译属性的关联性。

三、翻译批评标准的特殊性

上面我们从宏观和动态的角度对翻译批评标准的性质进行了考察，但仅仅从这个角度来考察仍然无法完整地说明翻译批评标准的性质。因此，我们仍然有必要从相对微观和静态的角度来考察批评标准所蕴含的矛盾，即翻译批评标准的非普适性、非证伪性和非操作性。

（一）翻译批评标准的非普适性

我们说翻译批评标准的非普适性，是指任一批评标准都无法适用于对翻译活动所有情况的阐释和评判。

首先，翻译作为一种再创造活动，具有如下特性：第一，它赖以进行再创造的原作文本本身具有独创性和不可重复性；第二，建立在作品这种独一无二个性基础之上的翻译，其本身也应反映原作的独创性和不可重复性；第三，译者作为再创造的主体，其个性特征在译作中的投射也是独一无二的。翻译活动的这些特性要求翻译批评自然也要以独一无二的标准来进行衡量。换句话说，翻译批评对象的独创性预设了翻译批评标准的多样性，而翻译批评标准的多样性也即意味着批评标准的非普适性。

其次，不同的翻译实践模式要求不同的翻译方法，不同的翻译方法也要求不同的批评标准。

如果说信息、广告类的翻译与文艺类的翻译属于不同质的翻译，翻译批评的标准应有所不同的话，那么同属文艺范畴的小说与诗歌就不能说也是不同质的翻译，然而它们也要求有不同的批评标准，而且按逻辑来推导，王佐良先生还可以指出在诗歌艺术的领域内，抒情诗与叙事诗的翻译、长诗与短诗的翻译、古代诗与近代诗的翻译，都还应有不同的翻译（批评）标准。

批评标准的缺乏普适性业已引起翻译界的广泛关注。辜正坤的"多元互补"、杨晓荣的"第三状态"、杨自俭的"F+E+X"、王宏印的"六观两级三品"等其实都是这种关注的体现。在辜正坤的理论中，翻译具有多重功能，人类的审美趣味具有多样性，读者、译者具有多层次，翻译手法、译作风格、译作价值因而势必多样化，而这一切最终导致具体翻译标准的多元化。在整个翻译标准系统中，绝对标准一元化是和具体标准多元化既对立又统一的。翻译的标准体系构成方式是：绝对标准（原作）—最高标准（抽象标准最佳近似度）—具体标准（分类）。

传统的企图建立起一个唯一的、能判断一切译作价值并指导翻译实践的、实用具体的翻译标准的设想是徒劳的。而杨自俭则从王佐良关于文体的论述出发，"忠实"（F）与"通顺"（E）可作为标准中的共性部分，用来适用于各种文体；然后再加上每类文体的个性部分，从而构成翻译的标准；TC = F+E+X。而 X 是个需要确定的值。此外，读者因素更是纷繁复杂，令译者无所适从。杨晓荣从哲学的角度提出"第三种状态"，即传统翻译标准所引发的二元对立容易造成"两极纠缠"的局面，从而使翻译标准的讨论陷入无谓的争论之中。因此，为了能够摆脱这种二元之间反复论证的定势，她提出了"第三种状态"的概念，即一种以协调、平衡为基础的大体上符合各方面要求的相对稳定的状态。这种状态体现了一种"折中"的哲学观念，相当于我国儒家思想的"中庸"。以上种种都从不同的角度反映出论者对标准普适性的焦虑，事实上，绝对标准、统一标准等说法在现实中根本就不存在。

（二）翻译批评标准的非证伪性

翻译批评标准的非证伪性，顾名思义，就是说我们无法通过翻译现象来验证某一翻译标准是错误的。在具体的翻译批评实践中，我们常常发现，批评者可以轻而易举地找到许多实例对某一批评标准加以证实，但却无法对其证伪。例如，刘英凯先生曾以"传达原作的异国情调并输入新的表现法"为立论依据，试图证明"归化"是翻译的歧路。然而另外的一些译评者却以"求得译语读者与原语读者同等效果"为立论依据，轻而易举地论证了"归化"的合理性。而另外一些批评者则又从两种读者语言文化的巨大差异，令人信服地说明了"等效"的不可能。以此类推，循环往复。我们看见的是论者都从不同的角度证实了某种思想的正确性，却无法看到他们推翻另一种思想。我们认为，由于翻译批评标准的多样性和非普适性，一个标准只要在某些状况下适用，它就得到了证实；如果另外一些翻译实践与之相抵牾，那就说明它们是另一类型的翻译，并不构成对原有批评标准的证伪。例如，对奈达提出的"功能对等"标准，有不少译论者认为，这一标准是针对《圣经》翻译提出的，因此不适于评价文学翻译。这里我们且不考虑这一论断是否站得住脚，仅就这一论断本身而言，它并不构成对"功能对等"这一标准的证伪，而只能说文学翻译不同于宗教经典的翻译，适用于批评宗教经典翻译的标准不适用于批评文学翻译。

在中国翻译史上，曾经出现过几次关于翻译标准的争论。鲁迅的"宁信而勿顺"① 说，强调译文对原作形式上的忠实；傅雷的"神似"说强调译文对原作临摹时的神似；钱钟书的"化境"说强调既要摆脱翻译的痕迹，又要保持原作的风味。通观这三种关于翻译的见解，他们之间有着很大的不同，而他们又都有着各自的翻译实绩来做佐证。鲁迅所标举的"信"在自己的译文中有着充分的体现，傅雷所标举的"神似"则以自己的翻译成就做出了有力的印证，钱钟书的"化境"也确实成为中国当代译者（如许渊冲等）追求的目标。这三种观点从各自的立场看都是有道理的，任何一方都不能通过自己一方的正确来说明对方的错误，或由对方的正确来检视出自身的错误。因此，我们说翻译批评的标准具有不可证伪性。

但必须指出的是，我们讲翻译批评标准具有非证伪性，是从普遍和抽象的意义上来讲的，一旦将某一具体标准运用于对某一具体对象的批评，则必须有明确的正误判断。否则，我们就会进入相对主义的泥潭，从而从根本上取消了批评标准存在的合理依据。

（三）翻译批评标准的非操作性

翻译批评标准的特殊性还体现在它的非操作性上，即它无法真正地贯彻到批评中，作为批评的操作程序。

翻译批评实践中的许多实例都可以说明翻译批评标准的这一特性。譬如，对以"神似"为翻译标准且得到中国译界几乎众口一词、大加赞誉的傅雷的翻译，就有一些批评者提出了可以说是措辞严厉的批评。因此，翻译批评标准无法提供一个可供译者共同遵守、使用的操作模式，从这个意义上讲，翻译批评也只能是见仁见智的。

四、翻译批评标准的多维并存性

莱斯（Katharina Reiss）在论及翻译批评的主观制约时曾引述过波利泽（R. L. Politzer）的一个例子：在那些没有种属词汇"马"，而只有白、黑、小、公、母马的语言中，如何来翻译"马"？或者在不仅有单复数，而且还有双数的语言中，如果原文没有明确是"两个还是两个以上"，那如何来翻译"我的孩子"（my children）？在翻译中，这样的状况其实是屡见不鲜的。例如，当我们试图将一句中文"我是他姑妈"译成英文时，"姑妈"可以译成"aunt"；而如果将译文回译成汉语，则"aunt"则可译为"姨妈""舅妈"

---

① 周邦友．翻译基础教程 上 第 2 版［M］．上海：东华大学出版社，2017：14．

"婶母""伯母"等，造成这种状况的原因在于，英语中没有一个与汉语"姑妈"相对应的词，译为"aunt"时增加了其字面的含义，而将它再译回汉语时，又只能从这些含义中选择一个含义来对应，因而又缩小了它的含义。这便为翻译批评出了一个难题。

事实上，脱离开具体的语境，我们根本无法判定孰好孰坏、孰对孰错，所谓"横看成岭侧成峰，远近高低各不同"正是翻译批评标准这一特性的真实写照。因此，要对批评对象做出客观公正的评判，或做出全面科学的阐释，就必须对批评对象做出全方位的考察。不同的语言各有各的表达方式，因此同一篇文章的翻译可以有好几种，不可能有唯一的一种正确的翻译，我们只有通过大量不同的翻译才能了解到原作真正的面貌。同样，我们对一部译作的批评也不可能有唯一的一种正确的批评，也需要大量不同的批评才能全面反映译作的整体风貌。也就是说，在翻译批评实践中，我们应当允许批评者从不同的侧面来考察同一本文的不同方面，做出不同的解释。表面看来，这样做似乎会引起批评的混乱，但综合而论，却有可能得出对于译作更为全面、更为客观、更为科学、更为准确的说明，这便是翻译批评标准的多维并存性。

第四节　翻译批评标准的传统思路与创新思路分析

一、翻译批评标准的传统思路分析

（一）传统译学的分析

对于我国传统译学，如果认识不够全面、不够准确，就会影响我们对其存在的问题的把握。其实，对现代译学里的很多焦点问题，如读者接受、语境的作用、不同译本的不同功能、社会文化因素、译者的重要作用等，我国翻译界的许多人早就谈过，只不过因为多是就事论事，没有比较系统的思路，没有共同的结论，所以看起来仍是一片散论。同代人或后人设法整理，或因无法兼及，或因见仁见智，有时就不免把丰富的思考变得简单化，客观上助长了翻译标准的单一化趋向。前人的讨论相对常青，许多内容在今天看来也不失新鲜，有的甚至相当"超前"，我们的理论继承却有变成灰色的危险。

认识到传统译论的丰富以避免继承中的简单化是一方面，另一方面也得看到传统译论的弱点。我国传统译论不仅在一些核心思想上，而且在学术方法上都是与古代文论一脉相承的，这类方法自有其独特之处，如直观感悟方式对事物本质的直接把握，但同时也留下不少"问题"，如不重立论，因此形成不了系统的论题和结论，许多论题、论点被"重复开发"，又如宏观上大而化之，微观上不求甚"解"（包括理解和解释），一切诉诸悟性，表达方式含蓄、模糊、非术语化，由此造成多种理解，形成许多无谓争论。此外，翻译批评方法过于感性化、过于零散、缺乏理论支持，使得批评的质量和说服力完全依赖于批评者的语言修养，批评一失皆失，极易流于见仁见智，为语言修养不高者提供遁词，难以形成对翻译实践的有效指导和监督，也无法对翻译史上的许多现象做出透彻而准确的解释。由于这种种原因，我们传统译论的文献不少，但结果不多，亦不甚明确，苏格拉底和孔子式的"述而不作"，带来的要么是"半部《论语》治天下"的满足，要么是经学式的无尽注释、循环论证，讨论归讨论，问题还是问题。当更为实际、解释力也更强的现代译学各种理论进入我国的时候，传统译论在方法上的这些弱点及其理论疲软就显得尤为突出。

(二) 传统译学中的翻译标准

罗新璋将我国传统的翻译标准论归纳为"案本—求信—神似—化境"这条线索，刘靖之的归纳是"重神似不重形似"，其最后目标也是达到"化境"。钱钟书先生对"化境"的解释是既能不因语文习惯的差异而露出生硬牵强的痕迹，又能完全保存原有的风味。这里包含的意思并不只是对原文的忠实，还有克服语言障碍、适应译语习惯，这就是另一个方面的考虑。而且，"原有的风味"里如果还包括了原有的语言风味，问题就更复杂。"信达雅"也是如此，内在的考虑角度是很多的。正因为要兼顾的方面多，所以翻译才难。对于这诸多因素之间的关系，论者却又往往是语焉不详。因此，除了以忠实于原文为一个总的倾向以外，更重要且更不容易说清楚的还是如何认识和协调各种关系。

在20世纪30年代那场大讨论中，鲁迅和瞿秋白之间的争论引起了许多人的注意，也使翻译界有了一些错觉，加深了信/顺、直译/意译这些二元对立给人的印象。如鲁迅著名的"宁信而不顺"历来被认为是对立中的一个极端。然而，这种说法除了起因于当时特定的针对性以外，按照鲁迅自己的说法，"宁信而不顺"也只是译给"很受了教育"的那种读者，除了这些人，还有仅"略能识字的"读者。研究者注意的自然应是其完整的内容。

又如，我国传统译论在讨论翻译标准时的确主要以文学翻译为默认对象，但即便是对"信达雅"这样被多数人认可的标准，也存在着针对不同文本的不同诠释。如陈康1942年为柏拉图《巴曼尼得斯篇》所做的译序中，对哲学著作翻译中的"信达雅"给出了自己的阐释，"信"是天经地义的，"达"只相对于一部分人，即这篇翻译的理想读者，而"雅"可视为哲学著作翻译中的忠实读者。这里的文体意识是显而易见的，陈康所论中对读者的选择也体现了对译文功能的重视。

毋庸置疑，我国多年以来形成了一些翻译标准上的基本倾向或主流观念，如"忠实"的牢固地位，如对文学翻译批评的格外重视。这些观念成为主流是我国翻译界多年实践和研究的结果。这些主流观念对指导翻译实践和规范翻译市场起到了积极的作用，体现了翻译标准及其研究的规定性的一面。但是，基本倾向或主流不应该也不可能淹没其他方面的存在，翻译毕竟是十分复杂的一种人类活动，翻译标准研究还应有描写性的一面，既体现多样性，也为翻译标准本身的发展留出余地。细看以往的翻译批评，真正内行且严肃的批评者在进行对具体译作的分析时还多是考虑得比较全面的，考虑到了译者做出选择的种种原因，并没有削足适履。

然而，或许是由于理论研究的无力，尽管传统译论具有如此丰富的内容，在翻译标准问题上，还是出现了某种思维定式，其主要表现即是批评标准的简单化。例如，似乎以原文为取向的"忠实"是硬指标，相比之下，以译入语为取向的指标就软得多，对译文语言和接受者的研究，其主观色彩都比较浓。又如在标准问题上，有意无意地总是以寻找一个最高的、唯一正确的标准为终极追求。再有就是以套模式的方法来评价翻译技巧的使用，忽略制约翻译的各种复杂因素。这种简单化的表现至今仍然存在。我们在一本翻译技巧类教材里面就还是有不少这方面的例子，尽管书中也罗列了许多理论：一是在上下文不明的情况下，一个句子仍然只有一种译法，不考虑其他可能性，许多例句因此而缺乏说服力，况且有的译文并不像编著者认为的那样"精彩"；二是在一些问题上理解偏狭，如谈翻译语言的再创造，以一篇英译汉短文中的小标题为例，说用了四字结构的译法才显示了魅力和风采，如果用较直白的译法，标题应有的美感和精当便荡然无存，然而细看文章，原文只是一般的说明性散文，其语言平实，从内容来看，译为四字结构的有些小标题也显得分量过重，如 Air the details 和 Give a nod to fate 这两个小标题，依编著者的意见，要分别译为"一五一十道个明白"和"力所不及唯有认命"，而不是更能体现原文简洁的语言特色、更贴近文章内容的"说明详情"和"颔首认命"之类，对于如此夸张的小标题，书中并没有说明什么特别的目的，只不过是要"令原文逊色"而已,然而"令原文逊色"(竞赛论)恐怕也是有一定适用范围的。可见,在翻译标准问题上思维方式的简单化、绝对化还是有市场的,这里有"一失皆失"的问题,同时观念陈旧、对翻译理论浅尝辄止、不能融会贯通也是重要原因。理论意识缺乏,没有理解其中道理,就只能生搬硬套技巧。然而许多早已作古的翻译界前辈,他们的观念却并不像有些今人这般陈旧。如果从严复之后便不敢再越雷池一步,那么连"神似""化境"都不可能出现。

二、翻译批评标准的创新思路分析

(一) 多元和动态的观念

新时期以来,辜正坤于1989年提出的"多元互补论"体现了一种多维度的、动态的新思路:翻译可以依据不同情况设置不同的多个标准,这些标准可以根据不同情况、在不同时期发生各种变化,作为一个总的原则,翻译标准应体现"最佳近似度"。但是,在这一理论中,原文是最高尺度这一观念并未受到质疑,相反,原文被认为是翻译的"绝对标准"。按照这种取向对翻译史上的一些著名事件做出评判,如林译小说,如严译《天演论》,如殷夫译裴多菲诗《格言》,所得出的评价只能是负面的而不会是正面的,因为就算它们达到了文学作品和社科作品不同的具体标准,但毕竟离那个"绝对标准"即原文都比较远。所以,最佳近似度也是一个抽象的概念,很难把握,没有什么实用意义。整个一套标准体系的基础于是成了泥足,有用的只是在这个特定历史时期强调具体标准的重要性,即多元、多维度。由于缺乏维系这些具体标准的线索,辜氏此论确有使翻译标准虚无化或标准泛滥的危险,但从打破一个标准一统天下这个意义上说,这一"论"还是很有价值的。

(二) 对接受者的明确重视

在20世纪80年代被引进我国的几种较有影响的国外翻译理论中,奈达(Nida)的理论对翻译标准研究具有特殊的意义,这种意义不仅在于他所提出的"功能对等"这一翻译标准,更在于这一标准所开启的新的思维方式和新的视角:(1)翻译标准的动态观念(早期表述为"动态对等");(2)对接受者明确无疑的重视。

我国传统译论对接受者其实也是很重视的,虽然其意见并不统一,但对接受者谁也不敢忽视。尽管如此,传统译学在理论上却从来没有给接受者一个明确的地位,可说是始终处于一种"引而不发"的状态,这就使得已成为主流的一些翻译标准在解释力上出现了空缺。我们可以用一个简单的例子来验证一下：傅东华1940年译《飘》中的人名"白瑞德"（Rhett Butler）、"郝思嘉"（Scarlett O'Hara）显然不是"形似"，那么是"神似"？但"似"的却不是美国人名，而是中国人名。从看不出语言差异痕迹这一点来说，这种译名或可称为入了"化境"，也就是达到了高标准，那么，为什么20世纪90年代的两个新译本（上海译文出版社1990年5月版、北京外国文学出版社1990年8月版）都不约而同地放弃了这种译法，舍"高"就"低"呢？原因其实很简单，社会发展之后，读者的欣赏趣味就会不同，翻译标准也要随之变化。传统译论文献中对读者需求、社会历史因素等虽然也有提及，但那声音还是微弱而分散的，不足以引人关注，只是与"神似"等比肩，作为一个重要指标对以上现象做出解释。

与我国传统译论对接受者这种含含糊糊的重视相比，奈达的理论由于以信息论、符号学为理论基础，又有接受美学、文学阐释学这种更为广阔的学术背景与之呼应，因此具备了强有力的理论支持。但奈达的"功能"指的是原作在原语文化中的功能，由于文化差异的存在，这一功能何以能在译语文化中充分保留，使接受者因得到同样的感受而满意？这就使一个难解的"扣"形成，奈达因此而饱受诟病。事实上，奈达理论体现了翻译标准从发出者移向接受者的一个过程，这一标准的实际位置是在二者之间，这一点与我国传统译论其实是相去不远的，标准陷于如此两难境地不难理解。比奈达稍晚一些发展起来的国外几个新的学派，如翻译文化批评学派和翻译功能主义学派的目的论，将这一标准毫不含糊地移向接受者一方，甚至直接以翻译目的即译文在译语中的功能为出发点，用各种有效手段使原文在译语文化中具有意义、获得生命，这就至少在理论上把这个"扣"解开。事实上，奈达的思想中已经含有目的论的若干思想，这既是实事求是的结果，也是逻辑的结果。

相比之下，中国香港地区的翻译研究由于受不同的文化气氛和社会环境的影响，对翻译标准的多元化和接受者的重要性的认识更为实际而坦率。自从翻译理论在20世纪中期引进现代语言科学研究成果之后，译评工作者纷纷明白"忠实"这个概念的复杂性，改为采用多元的标准来理解翻译的成果。翻译评论的标准则可能是译文本身作为艺术品的价值，如译出来的诗有没有诗味，译出来的戏剧作为脚本在舞台上演出行不行，也可能是译文使用者的期望是否得以满足。显然，这已经与功能主义目的论殊途同归。

（三）对译者及译语文化因素的重视

在 20 世纪 80 年代介绍进来的翻译理论中，乔治·斯坦纳（George steiner）以阐释学为基础提出的"理解也是翻译"这一论点，通过对理解的历史性所做的大量论证，表现了译者阐释对翻译过程所具有的重要意义，译者的作用因此而开始获得理论说明。相比之下，我国传统译论对翻译过程中的"理解"虽然同样是非常重视的，各种文献、教材中与此有关的内容非常多，但一个共同的问题就是只限于就事论事，说不清内在的道理，而且在对译者作用的认识上，囿于对译者地位的成见，或许还出于习惯性对"人"的漠视，又一次表现出理论上的疲软，译者的主观能动性因无所依附而底气不足。

近年来，20 世纪 70 年代起在国外逐渐发展起来的一些当代新译论逐渐进入我国，其中以多元系统论为代表的翻译文化批评学派和以目的论为代表的功能主义翻译学派，在为翻译批评标准提供新的思路和新的视角方面具有重要的启示性意义。

以埃文-左哈尔（I. Even-Zohar）苏珊·巴斯奈特（Susan Bassnett）等人为代表的翻译文化批评学派的理论中指出，文学所涉及的是一个社会内部的相互联系的文学及超文学整体结构（即"多元系统"），其内部各因素之间彼此作用，因此，翻译始终处于社会文化诸因素的制约之中，翻译于是成为一种操控或重写。这种观点特别重视社会因素对翻译的制约，并提出了相应的翻译规范。这一派理论自身也存在一些适用范围方面的问题，如出现某种泛文化倾向（如对意识形态影响的研究偶尔会出现泛意识形态倾向），又如与翻译中具体问题的解决策略联系不直接，较为宏观等，但是，它为翻译批评提供了一个很有效而且符合实际的角度，这一点是值得肯定的。

在赖斯（Rice）等人的翻译功能主义目的论中，翻译是一种目的性很强的活动，翻译标准实际上是受翻译目的所控制的。与传统翻译标准重视原语文本功能不同，这一派重视的是译语文本在译语环境中的功能，并且提出了基于目的论的翻译原则。尤其值得一提的是，赖斯早在 1971 年就指出，采用建立在等值论基础上的批评方法时，有很多现象不能解释，因此他提出建立在功能主义基础上、以目的为导向的、更为客观的批评方法。这至少说明，目的论的起源本来就是与翻译批评有着密切关系。

作为符合逻辑的结果，这两个学派都非常重视译者的作用。译者不再被视为应该居于"隐身"的状态，而是可以理直气壮地根据译作在译语文化中将要发挥的预期功能来制定翻译策略。译者的主观能动性于是找到了根据。它们的理论观点典型地体现了"新翻译理论"的特征：第一，译者的能动介入；第二，重心从"意义"转移到产生意义的"场所"，翻译成为一种"文化消化"。翻译标准因此而摆脱"唯一"和"最高"，成为一种多向度的动态系统，翻译批评也因此而摆脱桎梏，得以在社会文化诸因素的相互作用中对翻译文本做出准确而合理的解释与评价。

以上这些新的视角和新的思路对翻译批评具有重要的理论意义，即在对译作做出评价时，与原文的接近程度不再是唯一的或最高的衡量标准，译者为适应译入语社会的需要甚至为服务于特定目的而做出的种种调整具有了合法地位，对接受者的重视也包含在其中；批评者可以更充分地理解、更准确地解释译作与原作之间的各种差异，并揭示其背后社会文化历史因素所起的作用。这样一些曾被认为不能入翻译"清流"的译作，其终于可以得到合理的解释，这些作品于是不仅可以享有感性的赞赏，而且可以得到理论上的理解。翻译批评于是变得多元而宽容。

例如，由于诗歌丰厚的内涵、富于美感的形式和读者对其极具主观性的体验方式，诗歌翻译历来是最不容易找到什么共同标准的，人们至多是对译诗与原诗之间的联系（或称相似性）有一些大体的共识，如要像诗，要有美感，等等。传统的翻译批评标准在此有些不完善：对于"等值论"只能从"值"的内涵上去发掘；对于"神似"首先要对"神"这个概念做出解释，然后就得说明"似"到什么程度才算合适。然而，从现代译学重视接受者和社会文化因素对翻译过程的控制这一点出发就会看到，诗歌翻译中的很多现象其实都是合情合理的。从欣赏的角度看，接受者完全可以依自己的兴趣、心境各取所需；从评论的角度看，不同译者出于不同目的和不同背景，大可按自己的标准去译，以获得心灵愉悦或满足其他方面的精神需要，批评者可以提出自己对译诗标准的看法，以理解的心态，分析清楚译诗中的各种要素，依自己的标准对译诗与原诗之间的异同予以描写和评论。

（四）协调翻译批评标准的相关因素

虽然翻译研究者总是希望能找到一种适用于各种情况的翻译标准，虽然迄今为止的种种翻译标准都表现出一定的倾向性，但更重要且更不容易说清楚的还是如何认识和协调各种关系。即使是在纯文学翻译中，译者所做的工作也主要是在各种相关因素之间寻求协调与平衡。因此，翻译标准探讨中经常出现的原作与接受者这两极之间的对立在事实上并非完全如此。译者所追求的其实始终是位于两极或多极之间的一种与各种相关因素都能协调得恰到好处的和谐状态。中国传统哲学思想中的"中和""中庸"应是对这一状态的最佳诠释。辩证的对立统一规律强调的是运动和转化，体现了相关因素之间的复杂关系，但其前提和结果也都是相依相存的统一和协调。因此，翻译标准探讨的中心应是这种协调得以产生的条件，即对翻译标准起不同程度制约作用的各种相关因素以及这些相关因素的作用方式。

国外当代翻译理论对接受者、译者以及社会文化因素的重视，体现了在传统译论千百年来对原作及原作者给予了充分重视的基础上，当代人对其他方向上的相关因素的深入研究。除此以外，当代译论同样注意到了翻译的综合性和多种相关因素之间的复杂关系。这种途径势必带来思维方式上的变革，首当其冲的就是传统的二元对立思维模式和过于机械、僵硬的类比思维模式（如对等模式）要让位于体现整体性的、渐变式的、格式塔式的等随具体情况而定的思维方式。我国学者在这方面的研究包括：田菱于1992年提出要建立翻译学的辩证逻辑学派，郑海凌提出以"和谐"作为文学翻译的标准，孙致礼提出要处理好翻译中若干对矛盾之间的辩证关系，方梦之提出要以唯物辩证法作为译学方法论的基础以及杨晓荣对此所做的一些研究。

由于翻译活动的复杂性，单一学科途径虽然在某些方面能使研究更为深入，但在翻译标准探讨上确实有它的局限性，我们希望能够从哲学的角度对翻译标准问题进行深入而系统的研究，使一种重视相关制约因素、重视协调与平衡的翻译标准思想得以形成，它或许能够更为准确地反映翻译实践中的实际情况，并因此而使翻译标准更具有可操作性。在此基础上的翻译批评标准的特点应是：多维度、综合性、描写与规范相结合。

第四章　翻译批评的层次和方法

　　翻译批评的层次对于翻译批评实践具有重要的意义，而翻译批评的方法是翻译批评研究的重要内容。本章首先分析了翻译批评的层次，接着进一步探讨了翻译批评方法的概念、本体特征，论述了翻译批评方法的介入，最后详细地研究了翻译批评的具体方法等相关的内容。

第一节　翻译批评的层次

　　层次分析是在对事物进行描述时经常使用的一种分析方法。《现代汉语词典》对"层次"一词的解释中，"层次"所体现的关系有次序、相属以及"同一事物由于大小、高低等不同而形成的区别"，而大小、高低的内在逻辑关系也是次序或级次。因此，严格地说，用层次分析的方式描述事物，析出的"层次"应该包含一个次序的概念，也就是说，这些"层次"应该有表里、深浅或上下层级或相属的关系，并可以按一定的顺序排列。按照这种理解，翻译研究中出现的一些有关"层次"的讨论，对"层次"这个词的使用就并不是很严格的。在这些讨论中，"层次"主要还是一种分类的概念，体现区别（但不一定是大小、高低的区别），可以理解为视角，也可以理解为方面，即 aspects，而不是 levels 之类。英文中有一个词或许可以表示这种含糊的意思，即"dimensions"，意思是层面或维度。

一、翻译层次说

　　以下是几种比较有代表性的翻译层次说。为了更清晰地展示其概念上、发展上的内在联系，这里对这几种学说不是完全按照它们出现的时间顺序来排列的，除非具有明显的继承关系。

(一) 传统的翻译层次说

一种比较传统的、粗线条的划分方法是把翻译分为内容和风格两个层次，起源于延续数千年的内容与形式这一对哲学范畴。由于对内容与形式二者之间关系认识的不同，文体学因此有了一元论、二元论、多元论之分。这种情形直接影响着翻译界对翻译层次的认识。另一方面，翻译实践中出现的具体问题也对这种粗线条的划分方法产生了影响。出于对诗歌、修辞格等特殊情况下语言形式本身的注意，为了讨论的方便，有时会把"形式"单独分出来成为一个层次，而意思比较含糊的"风格"仍然是一个独立的层次，这样就形成了以下的状态：

形式层（主要是词形、句型、字形、语音效果、印刷符号等）；
语义层（可以粗略地分为所指义和内涵义两大部分）；
风格层（美学、文体、修辞等方面的考虑）。

在这三个很难说层次关系究竟如何的层次中，语义层的定义或许是最活泛的，它可以简单到只表示"内容"，也可以复杂到把另外两个层次中所有的内涵都包括进去，即仅仅用"语义"来说明所有的问题，甚至包括语言符号本身的表现形式，因为按照一元论的观点，形式也是有意义的。现代语义学的扩张趋势和语义学中语义分类方法的繁多都说明了这种复杂状况。也正是由于这一点，翻译界普遍认为语义学是翻译研究的语言学基础理论之一。

(二) 许钧的翻译层次说

在文学翻译批评理论上颇有建树的许钧曾著文详细说明他的翻译层次观，并以此作为认识翻译本质和翻译标准的理论基础。在许钧的理念中，翻译是多层次的实践活动，其中最主要的是三个层次，即：

$$
\text{语义层次} \begin{cases} \text{语言意义} \begin{cases} \text{词汇所指义} \\ \text{句子结构义（语法义）} \\ \text{句间关系义} \end{cases} \\ \text{言语意义} \begin{cases} \text{语境义} \\ \text{修辞义或蕴含义} \end{cases} \end{cases}
$$

美学层次（对美的感受与表现）

图 4-1 许钧的翻译层次说的三个层次

许钧在解释为什么思维层次是翻译转换的基础时主要分析了两点：一是人类思维的共性使得翻译成为可能；二是语言与思维的密切关系。第一点实际上是可译性的理论基础，真正与翻译本身有关的，是指对原文主题、思路、概念、思想、事物等的理解。即事理、语言逻辑分析，对翻译批评而言，即指检验这些方面与原文是否一致。关于第二点，如果从语言与思维的关系这个角度来看翻译中的思维，那么思维可能就不是一个层次的问题，它渗透于翻译的整个过程之中，哪一个层次上都有它。至少可以说，思维模式或可作为一个层次来看，而思维活动则是无所不在的。许钧曾以法译《春望》一诗为例对这三个层次做了进一步的解释，可以看出，对思维层次的说明很快就进入了语义层次，涉及所指义、语境义以及对思想内容和主题的理解。

语义层次经过两个级次的分析所得出的五种意义中，语言意义下的三种意义之间确实具有层次关系，而言语意义下的两种意义，即语境义和修辞义，事实上也是渗透于各个语言层面的。

美学层次也是同样。如"美"与修辞义的理解和表达关系就是非常密切的，很难分开。又如，在对"美"的各种分解方式中，有的是建立在一定层次关系基础上的，有的就没有什么层次关系，只不过是几个不同的角度而已，如许渊冲先生论译诗的意美、形美、音美这三"美"。无论是哪一种分解法，作为"美"和"美感"，很难说它不属于哪一个层次。它是渗透性、弥漫性的，可以附着于任何一个层次。比如，思想、意境、结构这三者之间是有些深浅表里的层次关系的，但是，将"美"分赋予这三个层次上（即"思想美、意境美、结构美"），"美感"究竟是深层的还是表层的呢？所以，"美学层次"指的其实还是"在美学方面"，所谓这一层次属于文学翻译的"最高层次"，指的是理解和再现这些"美"在文学翻译中最难做到，因而也体现了文学翻译的最高水平、最高要求，而不是"美"本身属于哪一个层次的问题。

对"层次"如此较真是想说明它在方法论上的意义。一般来说，用"层次"分析事物，比较容易做到条理清晰，逻辑关系清楚，概念的内涵和外延明确无疑，而"方面"就比较含糊一些，往往会因为建立在选择的基础上而形成一定的任意性，容易出现概念的重叠或空缺，影响论证的严谨。但是，"层次"这个工具如果用得并不准确，也有可能形成研究术语直至内容的混乱，使研究活动之间无法沟通和接续，造成研究的浪费。

我们有两点需要说明：其一，翻译中不容易确定的因素很多，各种概念之间的界限往往是模糊的,其内涵也常常是多重的,不大可能精确到数学分析那样的程度,因此无论何种论证,只能是尽量严谨,至少不发生逻辑错误;其二,美学层次这种提法通常是针对文学翻译的,比较具有一般性的提法是风格层次,可以包含美学层次的内容。近年来,人们的视野逐渐开阔,认识到"美"不一定就是文学的"专利",优秀的科学类文章也可以有美,如简洁美、逻辑美、自然美,主要指此类文体的特点所给予读者的那种得体感、愉悦感。

（三）吴新祥、李宏安的翻译层次说

另一种比较有特色的翻译层次观出于《等值翻译论》一书。作者（吴新祥、李宏安）明确表示,他们的等值论是以"立体语言学"为理论基础的,这是对系统论和普遍语法理论以及其他一些相关理论综合运用的结果。该理论提出语言三层次假说,认为语言符号系统的构成包含横向的三个基本层次和纵向的五个等级（词、词组、句、超句体、篇章）,共同形成 15 个语言平面,对翻译等值状况的检验方法就是:分别测试这 15 个平面中每一个平面上的等值程度,其结果相加之和即为整部作品的等值度。这三个层次及其理论含义和相应的语言功能、学科性质等等可以大体综合如下:

语符表层（sign：符号）——思维的外在形式——语言的行为功能——对应于符号关系学（syntactics）；

语用修辞层（interpretant：所释）——思维的外层表现形式——语言的表情功能——对应于语用学；

语义深层（referent：所指）——思维的内在形式——语言的表意功能——对应于语义学（semantics）。

由此我们可以看到,纳入这个系统的东西是很多的,还不止于此。尽管这一体系很显然是建立在语言学基础上的,但是翻译研究中的许多观点、理论都可以化入这个体系,从信达雅、直译意译,到苏联的翻译语言学派和文艺学派,直至文学翻译的艺术审美。

然而这正是这一体系的问题之一:它过于庞大,包罗万象,好像要一劳永逸地解决所有的问题,确乎有些力不从心。此外,它过于复杂,而真正具有普遍意义的理论都应是简洁明了。这本书出版以后,总的来看关注的人较少,可能就与它的烦琐、机械有关。但是我们认为,就算是死胡同（这是有待历史检验的）,也要有人走过才知道,因此它在我国翻译研究的探索之路上还是功不可没的。

吴新祥、李宏安的等值论在翻译批评方法论上的意义在于：它尽了最大的努力使翻译等值的表述和检验理性化。"立体语言学"尽管烦琐，但大体上可以自圆其说，而且它的整体思路还是很有道理的。由于翻译活动本身的复杂性，怎样使翻译等值的检验方法尽量逻辑化、理性化虽然是个很值得探索的问题，但这种理性化、逻辑化的程度确实也是有限的。

（四）张泽乾的翻译层次说

由于吴新祥、李宏安等值论不乏合理部分，所以其后不久，张泽乾先生取其精华，对他们的翻译层次模式做了改进，形成了一个同样以转换生成语法理论为基础、比较简明的版本：

表层——形式系统——语法信息

浅层（中介层）——修辞系统——语用信息（能指意义：connotation）

深层——内容系统——语义信息（所指意义：denotation）

这个层次体系显然要简洁得多，其中的"语义信息"定义比较窄，因此不大会出现由于语义"泛化"而造成定位不易准确的问题。然而还可以看出，这个层次结构很接近传统的翻译层次分析，因此也不免带有同样的含糊。归结起来，有两点似可进一步探讨：

其一，修辞系统、语用信息这一层具有主观性，内容系统、语义信息这一层具有客观性。作者用语言符号的性质对此予以说明。但是，我们分析的毕竟是翻译中的问题，主观、客观是相对于谁（什么）而言？如果说因为是翻译，内容、语义信息已由原文确定，因此具有客观性，那么，修辞、语用信息不也是因原文的存在而具有客观性吗？即便是从语言符号的角度来看，语用信息也是受上下文即语境支配的，因此也具有客观性。另一方面，在翻译活动中，受译者本人因素（无法控制的局限性和有意所为的翻译目的等等）的影响，语义信息的选择有时也并不那么客观，所以才形成不可能完全一致的各种译本。

其二，如果说内容与形式有深浅表里之分，即层次感。那么，风格、美学、修辞、语用等等似不能成为一个独立的层次，因为它们可以表现在语言的各个层次上。正因为如此，才会出现这样的现象，即有时它被附着于"形式"，放在表层，如图4-2中的"文体"：

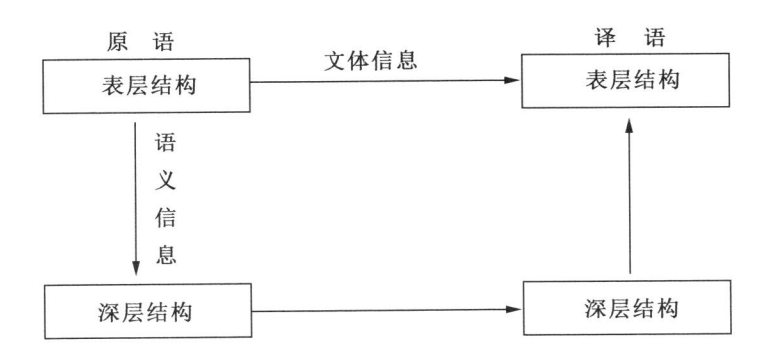

```
      原  语                          译  语
   ┌─────────┐      文体信息       ┌─────────┐
   │ 表层结构 │ ──────────────────→ │ 表层结构 │
   └─────────┘                     └─────────┘
        │                               ↑
      语│                               │
      义│                               │
      信│                               │
      息↓                               │
   ┌─────────┐                     ┌─────────┐
   │ 深层结构 │ ──────────────────→ │ 深层结构 │
   └─────────┘                     └─────────┘
```

图 4-2 翻译信息传递双轨模式

有时它们脱离"形式"被放入中介层或浅层，有时却被认为是属于深层的，有时候更是无法准确地定位于哪个层次。由此可见，"层次"相对比较含糊，参考的价值十分有限。

(五) 刘宓庆的翻译层次说

在前面介绍的几种翻译层次说里，吴新祥、李宏安、张泽乾的模式是建立在语言学基础上的，许钧的模式是将美学和语言学等融合在一起形成的。除此以外，还有一个完全建立在美学基础上的模式，虽然不像前面几种那样被赋予强烈的"层次"色彩，但也与层次有些关系，这就是刘宓庆先生提出的文学翻译中的三类审美再现：

模拟式审美再现（低层次）

对应式审美再现（较高层次）

重建式审美再现（高层次）

这个模式得到了袁锦翔先生的响应，后来又为张泽乾先生所支持。仔细分析起来，这里说的其实是翻译方法。"层次"在此并不完全是对某种事物或状态的客观描述，就语言结构而言的"浅层、深层"确是有级次关系的，而"高、低"之说就更多地带有价值判断的感觉。"推倒重来式"的重建式审美再现被誉为基本，上达到了"化境"，评价是最高的。但是，如果能用模拟式的直译解决问题而不会产生语言或文化上的任何障碍，这也是很好的选择。从语言结构的角度来看，虽然模拟式和对应式之间不存在翻译单位大小的问题，但重建式既然是"推倒重来"，也就是摆脱原文语言形式的束缚，那么它的翻译单位应该是扩大。显然，由"低"到"高"的层次排列里蕴涵着对直译的否定。

以定性为特点的价值判断在翻译研究中难以避免,因为翻译研究的目的之一是指导实践,但价值单一或价值判断泛化,往往就会自缚手脚。描写性研究近年来形成了一种潮流,与价值判断上的多元化发展趋势有很大的关系。

二、翻译批评的具体层次

根据上面的分析,对翻译批评做层次之分也需要说明这种分法的含义。翻译批评的层次和翻译的层次并不是一回事,后者可以做语言结构上的层次分析,可以将围绕翻译的种种因素之间的一些层次关系分析得非常细致。如果翻译批评的层次是在这个意义上说的,那么也可以很细致、很准确,但一般情况下,所谓翻译批评的层次往往只是粗略的分类,用于说明特定的现象,比如翻译批评的水平、所针对的对象、涵盖的大体范围等。就这个意义而言,翻译批评可以大体分为表层或浅层批评和深层次批评这两种类型,前者一般指的是技巧性批评,后者是理论性批评。

(一) 技巧性批评

技巧性批评又可以分为两类:一类关注的是正误即对不对的问题。如果涉及语言,那么与之相关的是译者的语言能力;如果涉及的是背景知识类问题,与之相关的就是译者的知识面问题;如果涉及的是原作风格转达是否准确之类问题,与之相关的就有可能是译者的语言感受能力或他的翻译观;另一类关注的是好不好的问题,即在没有技术性错误的情况下,语言质量是否高,与之相关的主要是译者的表达能力。

(二) 理论性批评

理论性批评也可以大体分为两类:一类是基于技巧但不止于技巧,不是简单地对正误好坏一判了之,而是从理论上讲清技巧类问题的来龙去脉及其中蕴含的理论意义;另一类原本就以理论探索为目标,通过评论译作揭示具有理论意义的规律性的东西,借以深入认识和解释翻译现象或为有关的实践活动提供指导。

对翻译批评做这种表层、深层的区分只是为了说清其性质,二者并无高下之分。我们认为,语言类、技巧类微观层次上的批评属于初级批评,而比较宏观的理论性批评应属于高层次的批评,后经反复思考,觉得这种定性很容易引起误导,于提高翻译批评的水平并无益处。事实上,这两种批评翻译界都是需要的,它们各有各的用处。我们提倡多做深层次的批评,不是因为表层批评水平低，而是因为多年来我国翻译批评中深层次的理论探索比较薄弱，需要加强。另外，所谓深层表层也是相对而言，作为表层批评的技巧性批评完全可以把问题说得深入透彻、以理服人，而理论性批评做得不好也有可能做得肤浅苍白，从而失去意义。

第二节　翻译批评方法的概念、本体特征

一、翻译批评方法的概念

按照人们通常的理解，所谓"方法"就是从实践上、理论上把握现实，从而达到某种目的的途径、手段和方式的总和，是人们从事精神活动和实践活动的行为方式。

如果我们把人们对方法的认识具化到翻译批评上，那么我们就可以尝试着为翻译批评方法下这样的定义：作为一种方法，翻译批评方法就是翻译批评者认识、理解和沟通对翻译活动看法的各种途径、媒介、方式的总和。而翻译批评方法论研究所要探讨的核心问题就是批评家在各种翻译批评活动中，究竟是通过怎样的途径、手段和方式来实现其自身的某种批评目的。

对于翻译批评方法的这种大致界定包含两方面的内容：一方面批评方法是连接批评主体与客体的中介环节，并在两者的辩证运动中获得经验材料；另一方面，批评方法又不仅仅是个中介物，其自身还可作为一种独立存在的研究对象。

二、翻译批评方法的本体特征

所谓"本体"，原本是一个哲学术语，意为存在、存在物，相对于"认识"而言，由于对世界的本源理解不同，因而也就形成了各种不同的"本体论"。这种注重本体的思想，后来逐渐运用到美学、文艺学领域。由此看来，由于各自在"本体论"上的差异，导致了他们对美的本质的认识的不同。而从这些认识中我们可以得到的一个重要的启示，那就是本体论决定方法论，或者说，具体的方法体现着一定的本体论观点。

就翻译批评方法而言，一定的翻译批评方法总是与批评者对翻译活动的认

识相联系的。如果我们把翻译活动作为一个独立系统来看，原作—译者—译作—读者这个系统，其实质就是一个信息的再创造、储存和接受的过程。信息的再创造就是译者对原作的信息进行重新制造，而后将其储存在译作中，最后通过读者的阅读欣赏，并产生反馈作用，去影响新的再创造。译者再创造的信息究竟是一种什么样的信息，这种信息是怎样被储存在译作中，又怎样被读者所接受，在这一过程中，信息又经历了什么样的变化，它又怎样发生反馈作用，这一切都需要放在翻译系统的整体中去考察。

翻译批评以整个翻译活动（过程）作为自己的批评对象。而翻译活动至少也包含原作、译者、译作、读者等必不可少的环节，以及这些环节之间的各种关系。我们进行翻译批评，就是研究这些环节以及它们之间的关系，而研究的侧重点不同，就会形成不同的批评模式。如强调原作与译作的语言转换，便会产生语义分析的方法、逻辑验证的模式；如强调译作与外部世界的关系，便会产生文化批评、社会批评等模式；如强调译作与译者本身的联系，便会产生心理批评、传记批评等模式；如强调译作与读者的关系，便会产生接受美学的模式；如强调译者的主体性，便会产生阐释学的模式；如把译作看成是一自足的符号体系，便会有形式主义批评等。显而易见，对某种关系的侧重，固然都是由从事具体批评实践的批评主体来选择和使用的，但在这种选择和使用背后，批评主体不能不受到一定的本体论思想的制约和影响。当然我们这里所说的本体论思想并非指哲学上对世界本质的认识，而是对翻译的本质的认识。下面我们解剖实例来加以证明。

第一，审美批评。这是我国的一种传统的文学翻译批评方法。从表面上看，这只是一种从文艺学或美学的角度，去研究和探讨译作在审美接受和译文表达方面的美学效果的一种批评方法。但在它的背后，同样隐藏着一个本体论问题：文学翻译活动的本质是什么？在我国，文学翻译向来被看作是种（再）创作活动。正是由于对文学翻译有这样的认识，中国传统的文学翻译批评才十分注重从文艺学的角度解释翻译，注重对译作的审美把握，注重直觉的感悟，强调传神和化境。稍微分析一下我国的文学翻译批评实践，我们就可以发现，批评家们在批评实践中，多以一种艺术直觉去领悟作品的神韵，首先是原作的神韵，再去检验译文是否传达了这种神韵。他们常常凭借自己的审美经验，通过对作品内外形式的把握，经过一个极其复杂的心理过程而形成对译作的审美感觉。翻译和写文章有许多共同点。写文章在确定的前提下，讲究布局谋篇，要在遣词造句方面花大力气，下深功夫。而通称再创作的翻译，作为将一种语言转换成另一种语言的过程诚然无法改变原著的主题，也不能另辟蹊径，打破

○ 第四章 翻译批评的层次和方法 ○

原著的整体结构。但是，在选定翻译的题材方面，在归宿语言中的遣词造句方面，在琢磨原文的神韵方面，乃至修辞方面，译者和原文作者一样必须下深功夫。接着作者凭借自己的审美经验，从遣词、造句、修辞三个方面对原作和译作进行了审美分析，得出了译作是"一篇珠圆玉润的译文"的结论。可见，审美的批评背后实质上隐藏着批评者深刻的本体论思想。当然，我们必须指出，审美批评是一个复杂的心理过程，每一个批评者的审美经验不同，对原作和译作的美学特征的认识和鉴别能力都不尽相同，感觉、联想的内容有别，评价标准各异，因此，他们对一篇作品的评价也会有所不同。

第二，文化批评。与审美批评相比，文化批评在20世纪末和21世纪初的影响似乎更加重大，而作为一种翻译批评的方法，它实际上也反映了批评者对翻译活动本质的一种认识。人类对翻译活动的认识，大体上经历了语文学、文艺学、语言学（传统型与当代型）、文化学等阶段。而不同的认识对译者而言会产生不同的翻译策略和方法，对批评者而言会产生不同的批评标准和批评方法。就翻译的文化观而言，它大致出现在20世纪90年代。在巴斯奈特（Bassnett）和勒弗维尔（Lefevere）的相关理论中，翻译研究进入20世纪90年代，其历史性的转折点就是文化研究，还有许多西方学者使用"跨文化"来形容翻译活动。例如，科纳切尔（Conacher）直接称翻译为"跨文化翻译"，而霍尔兹-曼泰里（Holz-Manttari）则建议用"跨文化合作"来代替"翻译"，霍恩比（Sell-Homby）则把翻译看作是一种跨文化的活动。在中国，进入20世纪90年代，中国文化学术界，尤其是文学理论批评界，谈论文化研究倒成了一种时髦，无论是专注传统文化研究的学者或是致力于当代文化批评的批评家，都愿意涉猎这一热门话题。在长期以来一直处于冷僻的边缘地带的翻译研究领域，最近也开始有学者提出以文化翻译来代替字面翻译的命题。在翻译研究领域，对传统的翻译之意义的字面理解也发生了变化，从字面的翻译逐步拓展为对文化内涵的形式转换和能动性解释，因此研究翻译本身就是一个文化问题，尤其涉及两种文化的比较研究。基于这样的一种本体论认识，对于翻译的文化批评自然呈现出与其他批评模式不同的样态，它更关注这样的问题，即译者的美学预设、价值取向、翻译策略、翻译方法受哪些因素的影响（如诗学的、政治的、历史的、经济的、社会的、意识形态的因素等），翻译对原文及其文化的延续和译文及其文化的发展有何影响，等等。我们不难看出，文化批评试图从整体上把握翻译的过程，在各种影响翻译过程的因素中抽象出能够说明和解释翻译现象的模式。在当今译界，多元体系学派、文学—文化学派是这一批评的典型代表。

以上我们通过两个实例分析了本体论与方法论之间的联系，通过分析和讨论，我们可以得出这样的结论：在不同的翻译批评方法背后，其会受制于一定的本体论思想，也正是在这个意义上，我们说本体论决定了方法论，一定的方法论体现出一定的本体论。换言之，在某种具体的翻译批评方法论的背后，总是有着某种哲学思想作为自己存在的背景，缺少哲学背景的方法不能称之为方法论，而只能是一种技巧、一种手段。

第三节　翻译批评方法的介入

一、翻译批评方法介入的内涵

明确了本体与批评方法的辩证关系，并不意味着我们就可以进行有效的批评活动。事实上，在批评主体从事具体的批评活动的过程中，批评方法如何介入到批评活动中去则是每一个批评者所面临的一个更为实际的问题。就具体的文学翻译批评活动而言，一个批评者不可能就一部译作的形成因素及诸因素的相互关系进行面面俱到的分析与评价，因此，就出现了批评的选择问题，即批评方法从何种角度、以何种途径才能充分、合理地介入具体的批评活动中去的问题。我们认为，批评者在运用某种批评方法介入具体的批评活动时，必须注意以下一些关系，这或许是保证批评方法能正确介入批评活动的一个重要理论前提。

（一）批评方法与翻译观念

一定的翻译批评方法背后总是隐藏着某种本体论的思想。也就是说，翻译批评方法和批评者对翻译本质的认识，即批评者的翻译观之间存在着某种一致性。一般来说，方法和观念的这种一致性是较难剥离的。批评家选择什么样的方法，应用什么样的方法，都不能不受到批评观念的支配。换言之，批评家的翻译观往往决定着批评家对批评方法的选择和使用，在具体的批评活动中，不考虑这种观念和方法的一致性，方法的介入就会产生很大的盲目性，并最终影响翻译批评的效用。我们常常可以读到这样一些批评文章，文字里出现了新概念、新方法，但透过文字不难看出批评家其实仍然采用旧观念，这样就使得整个批评既缺乏学术深度，又晦涩难懂。

当然，强调观念对方法的支配和制约作用，并不是说方法自身没有其独立性，更不是说一种观念只能选择和使用一种方法。相反，古往今来的翻译批评实践不断提供着这样的范例，即许多翻译观相同或相近的批评者，选择和运用的批评方法却不相同，而翻译观迥异的批评者却可能选择和使用同一种批评方法。因此，在具体的翻译批评实践中，我们既要重视观念对方法的支配和制约作用，以确保方法科学、有效地介入批评，又要看到方法对观念的反作用，既要看到方法如若介入得适当，还可能调整乃至修正批评家头脑中的观念。

(二) 方法涵盖率的有限性

为了保证批评方法能够正确地介入批评活动，我们还需注意批评方法涵盖率的局限性。翻译批评的方法虽然可以说是多种多样的，但各种方法的涵盖率却都有其局限性，这主要是由两方面的因素决定：第一，一定的翻译批评方法总是会受到一定的本体论观念的制约，这种观念对方法的制约就决定了方法涵盖率的有限性；第二，翻译批评对象的复杂性和特殊性，使得批评者在决定批评方法时必须根据不同的对象做出不同的选择，而这种选择本身就证明了各种方法涵盖率的有限性。

既然翻译批评方法的涵盖率是有限的，那么，在这个意义上讲，各种方法之间便没有高低、优劣之分，如果说有什么不同的话，只能说各种方法背后的观念不同、使用范围不同、适用对象不同，而在使用价值上，各种方法都是平等的。因此，在进行批评时要充分认识到各种方法的局限性，从而注重不同方法的使用，而不是把某一种方法抬到至高无上的地位并借以贬低和排斥其他方法。

辜正坤提出"翻译标准多元互补论"对翻译批评的方法论研究具有重要的启迪意义。实际上翻译标准之所以出现"多元"和"互补"，其原因之一同样也是由翻译标准涵盖率的局限性决定的。因此，我们应当借鉴与翻译相关学科和文学批评流派的研究成果，加以消化吸收，以丰富批评的方法，拓宽批评的角度，挖掘批评的深度。

(三) 批评方法与批评对象

在讨论翻译批评方法的有限性时，我们提到了翻译批评对象的复杂性和特殊性，这实际上是翻译批评方法成功介入批评活动的又一理论命题：批评方法和批评对象之间的关系。

由于翻译批评对象本身的复杂性和特殊性，各种批评方法涵盖率的有限性，一般说来，在批评方法和批评对象之间也存在着某种一致性的关系。也就是说，一定的批评方法只能适用于某种批评对象，甚至只能适用于批评对象内的某一环节、某一因素。如语言学的批评方法固然可以探讨批评对象在语言转换方面的问题，但对这个批评对象的社会效果则显得力不从心。此外，一定的批评方法只能适用于某种特定的批评对象，而不能为所有的批评对象所适用，如现代阐释学的方法在探讨文学翻译中的再创造问题时十分得力，但在科技翻译面前则未必有效。因此，我们可以说，一定的批评对象对批评主体怎样选择和使用批评方法有着重要的决定作用，不是所有的批评方法都能适用于所有的批评对象，同样，也不是所有的批评对象都会在任何一种批评方法中得到解释。

强调批评方法与批评对象之间的一致性，对我国目前的翻译批评来说，尤其具有现实意义。二十世纪七八十年代以来，西方翻译理论大量涌入，对我国的翻译理论研究及翻译实践起到了积极的推动作用，我们的翻译批评也汲取了西方翻译批评客观、科学的长处，其进步性是毋庸置疑的。但是我们必须清醒地认识到，中西方尽管有着类似的历史进程，有着丰富的文化遗产，但毕竟又存在着巨大的文化差异，特别是语言的巨大差别使得我们在吸收西方译论时产生了不少困难。例如，语义学批评、结构主义批评都是从语言者入手对批评对象进行解剖和分析的，但它们都是面对着以拼音文字为特征的语言体系，而一旦转入以独立音节为特征的汉语，就有一个怎么使用的问题。正确可行的做法应当是借鉴其精神，同时又重视汉语的特点，只有这样我们才可能有效地利用西方翻译理论研究的成果，为切实提高我国翻译水平的目标发挥翻译批评的力量。

二、翻译批评方法介入的途径

在对翻译批评方法介入批评时应注意的三个关系进行了较为充分的讨论后，下面我们将进一步探讨批评方法介入的途径。翻译批评方法介入批评的途径主要有以下三种：

（一）文本的途径

这是翻译批评方法介入翻译批评的首要途径。翻译批评的对象是翻译活动，而翻译活动的成果最直接的表现形态就是翻译文本，翻译文本是翻译批评的前提和出发点，翻译活动的诸多可变因素，如译者选材的倾向、翻译的策略、方法等，都通过文本或隐或显地体现出来。因此，要衡量译作的质量，阐释翻译活动的诸多现象，最直接的方法就是深入原语和译语文本中去，从语言的形式到其表达的意义，进行分析和比较，从而对译语文本在忠实传达原文文本意义、译者所使用的翻译方法和技巧与作者的创作方法和技巧有何差异，以及造成这些差异的原因等方面做出阐释和评价。

由此可见，批评家从文本的途径进入翻译批评，对文本话语做出诠释是批评方法介入批评的最直接、最自然的途径。

(二) 译者的途径

在许多情况下，如果仅从文本的途径去考察翻译活动，可能会造成判断上的偏差，因为译者的翻译活动并不是一种静止的、被动的活动，而是一种积极的、动态的活动，并不是一种奴仆式的忠诚，而是一种平等的对话。这其中可能会因为译者翻译的目的、翻译的策略、翻译的方法等主观可变因素而生产出与原文文本语言、文本结构，甚至文本意义并不对等的译文。这时我们就须从译者的翻译思想、翻译目的以及译者自身的社会文化背景等方面去寻找其中的原因，做出客观、合理的解释、判断和评价。在这个意义上，中国先哲孟子的"知人论世""以意逆志"的批评方法对我们同样具有指导意义。

需要指出的是，在过去的翻译批评中，我们对译者角色的研究还不够。我们往往只从文本分析的角度来对译者的翻译能力或翻译态度做出判断，而忽略了文本背后的一些主客观因素的制约。事实上，翻译的转换过程无法像化学过程那样在试管里发生。每一个译文都会受到译者个性原则的影响，而且该活动基本上是不可重复的。这种转换过程的单一性是由这样的事实所决定的，即译者的文本接受能力和译者的风格特征并不是恒定不变的，而是充满变数，如果一个译者是断断续续地翻译一个文本的话，那么最后的结果将会产生巨大差异。因此，结合译者来诠释翻译活动就成为翻译批评方法介入批评的第二种途径。

(三) 读者的途径

在翻译活动中，读者是使翻译活动得以存在和延续的决定因素，因为一部译作如果没有读者的阅读，那么它就毫无意义。这一论述对翻译作品同样适用。译作的"当代存在"同样是由译语文本和译语读者合奏出来的。因此，在翻译批评中，从读者的角度切入，对译作读者的接受状况和原作读者与译作读者对原作和译作的反应差异，进行历时的和共时的考察、对比和分析，追寻造成不同接受状况和反应差异背后的原因，就成为翻译批评方法介入翻译批评的又一重要途径。这里批评者作为两个文本即原语文本和译语文本的读者，则既是批评的主体，又是批评的切入点。

第四节 翻译批评的具体方法研究

翻译批评方法既可以指具体的操作方法，也可以按哲学方法论的含义，指思想方法、跨学科综合性方法和具体学科方法这三个层次上的理论途径或理论方法。

一、一种归纳

在国内翻译界，较早对翻译批评方法做出全面归纳的是许钧，他以文学翻译批评为考察范围，整理出六种基本方法，下面就是对这六种方法的简要评述：

第一，逻辑验证的方法。其主要在基础层次（思维层次）和语义层次进行，以逻辑分析的方式，观察上下文的有机联系，以此判断译文理解的准确性。这是翻译批评最常用的方法之一。

第二，定量定性分析方法。由于定量方法和定性方法是可以分开的两种方法，因此严格地说，这里讲的应该是以量定性方法，或者叫作定量定性相结合的方法。比如对风格等不易把握的要素，可以借助现代语言学的手段进行计量分析，以量定质。直观定性方法一向为我国翻译界所熟悉，自二十世纪七八十年代起，定量方法逐渐进入国内翻译批评界的视野。近些年来，由于学术界对文化等宏观因素的重视，体现综合性、主观性的定性方法又有所回归，但加入了一些新的理论元素，同时，定量方法作为一种论证手段的地位并未被颠覆，因此和传统的直观定性方法还是有区别的。

第三，语义分析的方法。这也是翻译批评常用的方法之一，主要用于评价语义传达的状况。但是在语义分析的具体过程中，也有直观和严格的语义学方法之分。

第四，抽样分析的方法。这原是出版社常用的办法，即抽取译作的局部做分析，为整体质量评价提供参考。

第五，不同翻译版本比较的方法。如复译本、多译本比较。这也是翻译批评常用的方法。

第六，佳译赏析的方法。这种批评也是大量存在的。严格地说，佳译赏析也有不同的方法，传统的、最常见的是直观式、感悟式赏析，这种方法重体验，举例方式往往是局部的、典型的，评论目的也比较单纯，虽然也有整体判断，但由于很少进行全面的分析，所以判断使用的语言通常有一定套路，如"瑕不掩瑜"等。

这六种方法的归纳不是穷尽性的分类，也不属于同一层次或同一范畴，有些方法是可以共存的，如第一种和第三种，第四种和第二种；第五种和其他几种也都可以分别共存，因为那几种都可以作为译本比较的具体方法。从理论性质上看，第一种属于逻辑方法，第二种是语言学、统计学方法，第三种是语义学方法，第四种是统计学方法，第五种有可能涉及版本学，第六种则主要是美学方法。从实际应用情况来看，第一、第三、第五、第六种方法是比较常用的方法，第二和第四种方法却不太常用，这就和我国翻译界的治学习惯有关。

许钧之后，姜治文、文军汇集国内翻译界大量有关论文编纂而成的《翻译批评论》一书，目录中也体现了对翻译批评方法的一种归纳，编著者将其整理为四种：误译评析、佳译赏析、比较翻译、定量分析。从性质上看，这还只是一种大体的分类，除定量分析以外，其他三种都不是具体的操作方法。

以下是我们提供的另外一种分类，以常用、典型、有一定影响为基本考虑，也尽量避免与其他论著中的此类介绍重复，所以肯定不是最完整的，而且也不一定是最合理的。翻译批评中的许多方法是相互交织、综合运用的，很难截然分开，这里之所以要做区分，主要还是为了分析它们的性质，以便在应用的时候理论途径更为清晰，借以提高批评的理论品质。

二、译本比较的方法

很多翻译论著中都介绍过译本比较这一方法，有论者甚至以译本比较为核心概念，提出要建立"比较翻译学"。我们认为，如同"比较文学""比较法学"等学科名称一样，"比较翻译学"应是指不同语言、不同文化或不同国别翻译理论研究之间的比较，而译本比较主要还是一个方法的概念。

"比较"是相对于单独分析一部（篇）译作而言，一般指同一原作的两部（篇）以上译作之间的比较。这种比较中虽然总会涉及译作和原作之间的比较，但两者的性质不同：原作—译作比较从根本上说是两种语言文化系统之间的比较，而不同译本之间的比较除此之外，还有属于同一种语言文化系统内部的比较。另外，由于将译作与原作相比较是译者和批评者不言而喻必然要做的事，它也称不上是一种批评方法。换言之，它就是"批评"本身，而不是批评的"方法"。

译本比较要有说服力,必须讲究比较的方法,讲究论证的可靠。[①] 作为一种起码的要求,无论什么比较或对比,都必须选择适当的对比项,并使之具有可比性。比如,要判断一部汉语作品语言的可读性,如果采用的是基于英语语言的一个可读性级次表(如根据句子长度、连接词的多少、某种等级的常用词使用比例来判断可读性),那么就需要考虑:这种判断方法是否也适用于汉语?由于汉语具有"意合"的特点,连接词的使用能不能用来作为判断可读性的一个指标,是需要对汉语的相关现象做专门研究才能确定的,直接照搬英语的判断方法就不一定合适。这是对比语言学的一个例子,译本比较同样如此,也需要注意可比性的问题。

比如,如果两个译本所依据的原作版本不同,译本中出现了差异,就必须弄清是不是版本差异造成的问题,否则就不能下结论。在条件允许的情况下,应该尽量使用依据同一版本原作的译作来进行比较。

又如,译本比较必须考虑历史因素,以20世纪90年代的译本来批评20世纪40年代译本的语言,显然是有失公允的。由此产生横向(共时)比较和纵向(历时)比较之分。

横向比较主要有两种:

第一种,以一译本为主,其他译本为次。这种比较中的其他译本一般是作为参照的,评论的重点是一种译本。如评孙致礼译的《傲慢与偏见》(1990译林版),以张玲、张扬译本(1993人民文学版)和义海译本(1994海峡文艺版)为参照。

第二种,两种(或两种以上)译本平行比较。

纵向比较也有两种:

第一种,同一译者不同时期的译本比较。如比较刘重德《爱玛》的1949年初译本和1993年的重译本。

第二种,不同译者不同时期的译本比较。如将1957年出版的张谷若译《苔丝》(人民文学版)和1994年的孙法理译本(译林版)作比较。

对比项、可比性都是具有方法论色彩的概念,对比语言学正是在这些概念的基础上,建立起了自己的方法论体系,推进了学科建设。在对译本进行比较时,这些概念也可以为我们提供一些方法论方面的依据。

从性质上看,作为翻译批评方法的"译本比较"和以下所介绍的三类批

---

① 杨晓荣. 翻译批评导论[M]. 北京:中国对外翻译出版公司,2005:84.

评方法并不属于同一个范畴,因为下面这些方法不一定涉及多种译本。

三、三种主要的翻译批评方法

(一) 印象式批评方法

顾名思义,这种批评方法主要是基于印象和感觉,具体做法一般是根据整体印象,随机举例,文章结构有的比较松散,类似随笔,有的略分几类,有些层次。

这些印象或感觉的来源,有些属于审美体验,有些属于翻译经验,有些属于知识积累,有些则属于个人语言修养。不少人认为印象式批评没有什么理论,其实也不尽然,我国传统译论受文论影响很大,而中国传统文论的特点之一就是散论,即将理论线索隐于看似杂乱的议论之内,这与纯粹出于印象的评论还是不一样的。

印象式批评多见于文学翻译批评(如佳译赏析),这可能是因为很多印象式批评都是基于审美体验的,关注的是译作中的美学因素。另一方面,这与我国翻译界近代以来以文学翻译为正宗的观念也有关系,如梁启超、胡适对佛经翻译的评论就是把它作为文学翻译来看的。其实,一些报刊上散见的印象式翻译批评,也有不少针对的是非文学类翻译作品。

印象式批评不是一无是处,只是对批评者本人的素质要求比较高,很容易流于主观随意,使得批评缺乏说服力。由于我国传统的翻译批评中这类批评的比重较大,为了鼓励批评的多元化,提高翻译批评的整体水平,有必要加强翻译批评的理论内涵,促进翻译批评的理性化,同时,感悟式、印象式批评也有其价值及适用范围。

(二) 综合性批评方法

由于印象式批评的随意性较大,在对整部(篇)译作进行评论时,一般都至少要拉出一个纲,或选定若干考察要点,以使批评有所依据,并尽量全面、客观。这样就形成了两种综合性批评方法,一是全面分析法,二是要点分析法。

综合性批评方法的主要表现形式是:它提供了一个可以填入各种内容的程序。全面分析法的综合性体现在程序中的一些步骤可以根据需要采用多种具体方法,包括翻译学本身及其相关学科的各种方法,如文体分析、文化因素分析等。要点分析法的综合性体现在对要点的选择可以有多种角度、多种理论途径，而这些角度或途径一经确定，所选择的要点也就体现出相应的理论特征。

彼得·纽马克（Peter Newmark）的翻译批评模式采用的就是一种比较典型的综合性全面分析方法。这个模式提供的程序即翻译批评的步骤是：

第一步：分析原文（包括作者意图、读者对象、原文文本类型、语言特色等）；

第二步：分析译文（重点看译者为什么要这样译）；

第三步：原文与译文的对比分析（无须从头至尾，只选择有代表性的部分）；

第四步：评价译文质量（分别从译者的角度和批评者的角度，重点是所指准确性和语用准确性）；

第五步：评价译文在译语文化中的价值。

在纽马克的理论中，这个模式里包含了翻译批评的两种方法：功能的和分析的方法，前者重印象，不重细节，有主观性，后者是具体的分析，有明显的客观性，两者结合起来，能比较好地体现翻译既有科学性又有艺术性的综合性质。

这是我们见到对综合性全面分析方法最完整的归纳之一。事实上，这也是翻译批评实践中应用得非常普遍的一种方法，纽马克的观点很典型地体现了英国人思维方式中重实践理性这一特点，与我国翻译批评的习惯性方法也是吻合的。

我国翻译界也有这种类型的归纳，但完整细致如纽马克者不太多。香港学者张佩瑶提出的一套方法可资参考。作者以 *Animal Farm* 的几个译本为例，说明翻译小说评赏的三个主要步骤：

第一，略读译本一遍，注意文字的可读性及欧化程度。

第二，重点分析。取得译本的初步印象后，转向重点分析，这些重点是：

（1）书名的翻译；

（2）关键字眼的翻译；

（3）主题披露过程中的翻译问题；

（4）译者处理小说类型和写作风格的情况；

（5）因文化差距产生的翻译问题；

（6）整体处理（如有无删改）。

第三，下结论。

这套方法中值得注意的有这样几点：其一，这三个步骤其实是全面评价一部小说通常最起码要做的，因此具有普遍性；其二，关键在于第二步，而这一步中值得注意的又有两处，一是肯定了初步印象的作用，二是全文分析要选择重点。根据最后这一点，我们甚至可以把这套方法称为一种"要素观察"法。至于选择哪些重点或要素，可以根据作品特点而有所调整。

将张佩瑶模式和纽马克模式作一比较，或可看出两种语言体系背景下解决译作评估这一共同问题时体现出来的某种思维方式或文化方面的共性和个性。

张佩瑶模式中的第二个步骤独立出来，就是综合性批评方法的第二种，即重点分析法。不少论著中在介绍翻译批评方法的时候都提到了重点分析法，但细看起来，也有一定的差异，如吴新祥、李宏安的"重点分析法"，其中"重点"是从语篇中析出的句子或超句体，而以上张佩瑶的"重点"就不是这种性质，其中有一些属于文学作品创作分析中的概念，如主题、写作风格等，这说明"重点"或"要素"主要还是批评者根据特定的理论途径选择确定的，它本身是个方法论概念，不体现具体的学科色彩，这也正是将这种方法归入综合性方法的原因。

（三）文本分析批评方法

文本分析原是语言学的概念，因此这一类批评方法多具有较强的语言学特征。但是，如果把这个概念的范畴放得稍宽一些，它就可以指围绕译作文本、特别是文本整体所做的各种分析，包括翻译学本体意义上的翻译相关因素分析，文学意义上的创作要素分析等等。由于翻译活动的多面性，在翻译批评实践中，采用略为广义的文本分析概念是比较方便的。

和综合性批评方法相比，文本分析批评方法除了提供程序以外，还提供批评的内容，即选择文本中的哪些重点、参数或哪些侧面来对译作做出评论。

在当代西方译论中，紧紧围绕文本展开的、主要是语言学性质的翻译批评，比较集中地体现于翻译质量评估这个领域，应用范围一是翻译教学，二是翻译出版物。出于其学术传统的影响，西方翻译界对文本分析方法应用得比较普遍，翻译批评方面影响较大的有朱利安·豪斯（Juliane House）模式和凯瑟琳娜·赖斯（Katharina Reiss）模式等，这里我们只讨论国内翻译界出现的两种比较有特色的文本批评方法。

1. 以等值翻译论为基础的译本检验方法

在以文本分析为特征的翻译批评方法中，语言学色彩最浓的、分析最细的、最成体系的，当属吴新祥、李宏安提出的一整套检验译文质量的方法。作者以15个语言平面的等值度相加这一定量性的思路为基础，综合其他因素，提出一种以等值概念为核心的定相观察、定量分析和定性判断对译作的批评方法。定相观察相当于获取初步印象，单位是整个语篇或超句体，定量分析以句子为基本单位，表现为对若干个对等值的处理，而定性判断又回到超句体和篇章的层次，综合前两种方法对译文的等值状况做出结论，三者以这样的顺序排列，形成了一个完整的分析过程。把这种实际上带有综合性的方法统称为定量分析，这种分析方法包含三种方式，即全面分析法、重点分析法和难点分析法。

从思维方式上来看，定相观察是一种以直观方式把握事物本质的方法，其优点是直截了当，缺点是容易流于主观而出现判断失误。定量分析则体现了一种实证理性精神，其优点是客观，根据充分而明确，缺点是比较烦琐，容易钻牛角尖，有时反而在整体上失去了准确性。吴新祥、李宏安两位将二者结合起来，是一种取长补短的积极努力，特别是针对我国翻译批评的薄弱之处，尤其强调定量方法的重要，并尽力使之落实为具体的操作方法，这种尝试是有价值的。

第一，这套方法分析过程中的定向、定性这两步，实际上都具有明显的印象化特点，这就使得对文本的三步分析在方法上出现了失调。如果说不一致是难以避免，因为语言本身就有综合性，那么至少是主客观两种方法没有得到很好的协调。此外，在选择重点、难点时，也表现出较强的主观性，量化在此举步维艰，客观性也大打折扣，这也可以解释为什么在全面分析、重点分析、难点分析这三种方法的实例演示中，除了全面分析以外，重点分析和难点分析实际上都没有定量的部分。

第二，15个语言平面的等值度相加之和即为整部作品的等值度，这个思路是很有道理的，但真正操作起来，就显得比较机械而烦琐，翻译批评因此变得乏味。

第三，由于制约翻译标准的因素非常多，即使是一个简单的语言项目（或语言平面），原、译文之间何谓"等"，然而"等"到什么程度也不易用同一种标准准确测定。上述分析过程中以句子为基本单位的定量分析这一步就存在这个问题，比如英汉语的句子切分不可能完全一样，等值度如何得出需要人们琢磨。

2. 以"原则—参数"为框架的译本评析方法

比较有特色的基于文本整体的翻译批评方法是由以下两套方法共同构成的，其共同点为"原则—参数"这一基础框架。"原则—参数"理论原是一种语法理论，翻译学借用其思路来探讨翻译标准问题。

第一种，多种译本比较式的翻译批评应具有客观实证性，因此要以完整的语篇（译本）为评析对象，注重整体性和系统性，评析方法是建立一套系统的批评参数，分为两个层次：

（1）宏观层次的参数：根据原作题材、文体功能和翻译目的所确定的相应的翻译原则；

（2）微观层次的参数：主要是各种意义的传达。

例如，一篇文学性散文的翻译，系统评析参数因此确定为：

（1）宏观层次的原则参数：信、达、雅；

（2）微观层次的意义参数：情感意义、形象意义、逻辑意义、风格意义。

显然，观念中的微观层次，即文本内要素是以意义理论为基础，所以对译文的分析、评论主要是观察各种意义的传达情况。

第二种，这是最早将"原则—参数"理论引入翻译研究者，其尝试建立一套能够解释和预测翻译现象的原则和参数体系，具体做法是：按照描写译学的经验方法，即观察、描写、解释，对译作篇章中的语言现象进行观察和描写，根据得出的定量信息，推测和假设出译者所遵循的翻译原则和制约翻译过程的参数，通过对大量的翻译实例进行这种描写，积累资料，最终建立起这样一套体系。也就是说，和第一种先设定原则、参数再分析的方法相反，第二种方法是从分析中得出原则和参数。

第二种分析的对象是《源氏物语》的两个译本，所观察的语言现象是句式分布与译本篇章结构的关系，推测出的翻译原则是可以通过控制句式的分布，重复某种篇章结构。

有一点是发人深思的，即这两种方法和吴新祥、李宏安模式一样，也是借鉴国外有关理论形成的，这无疑是近年来翻译界开阔视野、积极引进当代译论并使之与翻译实践相结合的成果，然而翻译批评也期待着汉语语言学研究的发展能够提供更多的理论资源，使我们可以拥有更适应汉语特点的文本分析类批评方法。

第五章　文学翻译批评研究

外国文学要成为本国、本民族多元文学系统的有机部分，本土文学要走向他国和世界进而成为世界文学，获得在异域的"后来生命"，必须仰仗文学翻译；文学翻译事业能否健康发展离不开文学翻译批评的正确引导，而文学翻译批评要发挥导向作用，自身建设——翻译批评研究亟待改进和加强。本章简要介绍了文学翻译批评的有关知识，并对功能翻译理论在文学翻译批评中的应用作了简要概述，探讨文学翻译批评者应具有的基本素养以及文学翻译批评的具体实践。

第一节　文学翻译批评的原则和文化比较

一、文学翻译批评的原则

(一) 忠实性原则

评价译作的忠实性是要看能否再现原作的艺术真实。文学翻译批评追求真、善、美。"真"是指作家以艺术的手法来表现生活并揭示其本质，表达自己的思想情感。艺术来源于生活又高于生活。作家体验生活，积累创作素材，对其进行提炼加工，构思出审美意象，通过对生活物象的艺术变形来表现艺术真实。最后，作家运用语言文字形式把这种艺术真实表现出来。

翻译批评者通过分析译作和原文的语言文字，发挥想象力将其"还原"成审美画面和审美意象。通常这个过程被表示为：语言文字（源语）—审美意象—语言文字（译语）—审美意象。批评者对这两种审美意象和画面进行对比，判断译作是否再现了原作所刻画的审美意象和画面，达到了形象真实。

文学作品的艺术形象由审美意象及其思想情感内涵与语言表现形式组成，审美意象及其思想情感内涵是作品的"神"，它赋予作品语言以生命和灵性，使其成为"有意味的形式"。语言文字是作品的"形"，它使作品的审美意象及其思想情感内涵变得"有声有色"。思想情感内涵（"神"）、语言文字（"形"）和审美意象的有机统一形成了文学作品。文学翻译应该尽量保留原作的审美意象、思想情感内涵和语言形式，力求与原作达到内容和形式上的一致。批评者对译作进行评价，应看译作在多大的限度上再现了原著的思想情感内涵、审美意象和语言表现形式的整体，是否能达成"形似"和"神似"的统一。

在文学翻译中作家和译者在审美体验和生活经历等方面存在一定距离，同作家原来所构思相比较，译者头脑中所接受的思想情感内涵和审美意象并不是完全相同的。而且，如何表达译语与源语、译者和作者的语言风格也不是一件简单的事，有时译者不仅不能完整地表达出原作者的思想，有时原有语言风格都很难有所体现。因此，原作语言形式、审美意象、思想情感内涵的有机整体不能被译者很好地体现出来。在这种情况下，译者需要对原作的语言形式做适当变通，以保留其审美意象和思想情感内涵，牺牲一定的"形似"以求"神似"。但译者不能随意改动原作的语言形式，而应在深刻把握其精神实质的前提下，在译语表达习惯允许的范围内使译作在语言风格上尽可能贴近原作，在"神似"的基础上尽可能达到"形似"。批评者评价译作是否达到"神似"，应看其是否忠实再现了原作所蕴含的"意境"。

在文学作品中语言表现意象，语言结构表现意象结构。原作的意象结构通过文学翻译表现出来，要尽可能符合原文中作者要表达的含义。不同的语言其意象结构各有特点。就汉语而言，它由汉字构成。汉字是一种方块字，在书面上每个汉字所占空间基本相当，排列整齐，给人一种视觉美。而且，汉语句子结构较为松散，句子各要素之间往往省略关联成分，缺少语法标记，语义结构在句中起决定作用。

文学创作是高度个性化的艺术创造活动。作家按自己的视野来观察和感受生活，从中选取自己感兴趣的东西作为创作素材，按照自己的审美理想和趣味对其进行艺术提炼和加工，融入自己的情感态度和审美评价，使头脑中的生活印象升华为审美意象，然后用独特的语言表达形式将其表现出来。在这一过程中作家的世界观、人生价值观和艺术审美观逐渐成熟，形成稳定的思想艺术个性，它外化为作品的风格。作品风格是由作家个性决定和影响的，作家个性的外在表现是作品的风格。

在翻译史上，凡是名家名译都表现了译者鲜明的风格。文学翻译既是"译"，更是"艺"。译作的风格是一种混合体，既反映了原作的风格，也在一定程度上透射出译者的风格。批评者评价译作，既要看其是否忠实于原作的风格，也不应忽视其所隐含的译者风格。在文学翻译中译者往往倾向于选择那些与自己风格相近的作家，这样翻译起来更能得心应手，创作出翻译佳作来。

综上所述，批评者评价译作应看其是否再现了原作所塑造的艺术形象、所刻画的艺术真实、所蕴含的神韵和意境、所表现的语言风格和特色，通过最大限度的"形似"达到原作的"神似"。

（二）艺术性原则

文学翻译是艺术再创造。原作是艺术作品，译者把它从源语移植到译语中创造出的译作也应是艺术作品，它应与原作艺术价值相等。著名翻译家许渊冲先生认为文学翻译是"美化之艺术"，其翻译标准是"真""美"，其中"美"是最高标准。在诗歌翻译中艺术标准就是"以诗译诗"，译诗在艺术价值上应与原诗相当。在"论译诗"中成仿吾先生认为译诗哪怕是把一种文字译成另一种文字的工作，其所译的是诗也是整首诗，因此译出来的结果也应当是诗，这是工作的关键之处。

批评者评价译作，应看其是否最大限度地保留了原作的艺术成就，是否以诗译诗，是否达到了译语文学作品的水平。文学翻译批评同样要坚持美学原则，把原作和译作当作审美对象来进行感受和分析，评价译作是否忠实再现了原作的美学价值。文学作品具有浓厚的美学品味，富有诗意，其能产生强烈的艺术感染力，打动读者，使读者的思想和精神得到洗礼和净化。文学作品的艺术感染力来源于作家情感体验的真实和作家对作品人物审美评价的真实。文学翻译应将原作的艺术感染力忠实地传达给译语读者，打动其心灵，陶冶其情操，塑造其人格，使其灵魂得到升华。批评者对译作进行评价，应看原作的艺术感染力是否得到了保留，使译语读者在欣赏译文时，可以像源语读者读原作时一样受到感动、启发和美的享受。

（三）译效性原则

按照西方接受美学的观点，文学作品的艺术价值只有通过读者的接受活动才能得以实现。评价一部作品的价值，应考虑读者的接受反应。同样，译作的价值只有通过译语读者的接受才能得以实现。文学翻译活动受特定的社会、文化、历史背景的制约和影响，译者总是服务于特定的译语读者群，根据读者对象来确定翻译原则和方法,使译文达到预期的接受效果。

批评者评价译作应充分考虑其所产生的历史时代背景和文化环境、译语读者的接受反应。历史唯物主义原则是马克思主义文学批评所倡导的历史唯物主义原则,其主张把问题放在一定的历史范围之内,结合当时的历史条件加以考察,进行前前后后的比较,追源溯流,给作家、作品一定的历史地位。翻译批评同样要坚持历史原则,西方翻译研究学派的多元体系论认为社会是一个多元系统,翻译活动是其中的一个组成要素。将译本放在译语社会文化的大背景下进行考察是批评者评价译本的依托。

前面探讨了文学翻译批评的忠实原则、艺术原则和译效原则。翻译批评的原则不是绝对、单一、一成不变的,而是相对、灵活、多元的。翻译文学的文化批评是一种跨文化交流研究,有利于不同文化间的互识、互动及互融。[①] 在文学翻译中,译作应忠实于原作,与其在艺术等值,但由于源语语言、文化与译语语言、文化之间存在一定差异,译者的理解力和表达水平有限,译作与原著的艺术等值只能是相对的。除此,文学翻译活动具备一定的历史性,译语读者对同一译作的认识和感受在不同时代是不一致的,所以批评者一定要以历史的、辩证的、发展的眼光来对译作进行评价。

二、文学翻译批评的文化比较

在文学发展的过程中,不同民族与地域之间存在异质化的发展趋势,同时文学与文学之间并没有明显的界定,不同文化背景之间需要翻译才可以开展有效交流。[②] 原作和译作作为翻译批评的对象,既是语言文本,也是文化文本。在特殊的社会文化环境中,作家和译者进行翻译和创作,其深层意识中蕴含着本民族的思想和文化观念,这也是作品艺术价值的一个关键组成成分。文学翻译批评需要对原作和译作进行文化层面的比较,判断译作在多大程度上再现了原作的文化内涵。翻译批评融合了文学批评、文化批评和语言批评。批评者阐释原作和译作的语言需把握其文学价值和文化内涵。文学作品展现出了本民族具备的独特价值观、思维方式、世界观、人生观、艺术审美观、语言观等,包含了民族文化心理的沉淀。翻译批评者应着重从这些层面对原作和译作进行文

---

① 高胜兵. 新历史主义文化诗学与翻译文学的文化批评 [J]. 安徽理工大学学报(社会科学版),2014(2).

② 郑伊然,冯涛,潘秋阳. 基于比较文学理念再谈英美文学的批判和认同 [J]. 北方文学,2020(26).

化比较。西方原型批评理论强调挖掘作品深层的民族文化心理原型。批评者评价译作要看其是否传达了原作所隐含的民族文化心理内涵。

文学语言是一种文化符号，作家不仅通过具体的词语来传达一定的文化内涵，而且通过作品整体来传达总体的文化寓意。批评者评价译作，要看其在多大程度上传递了原作特定词语的文化含义和整体的文化内涵。许多文学意象也属于文化意象，它们在作品中反反复复出现，变成了文化原型意象，例如汉语文学中的"杨柳""菊""南山""楼台"，英语文学中的 sea, God 等。

翻译批评者要深入了解源语文化与译语文化的异同点，正确看待异化与归化的关系。所谓异化，是指译文忠实地保留原作的文化特色，即"洋味""异国情调"。所谓归化，是指译文把原作的文化特色替换成译语文化特色，不保留原文的"洋味""异国情调"，批评者要把握好异化与归化的关系，必须正确看待源语文化与译语文化的关系。文学翻译是一种跨文化交流活动，不同文化通过翻译这一途径相互了解和熟悉，取长补短、共同进步。

世界各民族文化的繁荣和发展都得益于文化交流，翻译作为文化交流的重要手段功不可没。鲁迅先生认为把外国文学作品翻译成汉语，目的是向中国读者介绍外国的文化习俗、风土人情，以开阔眼界、增长见识，因此应尽可能保留原著的"异国情调"。跨文化交流的目的决定了译者应对原作的文化内容尽可能做异化处理。翻译批评者也应具有文化的"他者"视角，评价译作应看其是否最大限度地保留了原作的文化特色。

文学翻译既要尽可能地保存原作的"异国情调"，也要充分考虑译语读者的文化接受力。西方接受美学认为，读者在阐释一部作品之前头脑中就已积淀了从其他作品中获得的审美经验，它制约着读者对该作品的评价。如果读者从该作品中获得的审美经验与期待视野相一致，那么他就容易接受该作品；如果不相一致，那么他在短时间内就不太会容易接受。读者的期待视野除了审美经验，还包括文化价值观。译语读者从本民族的文化价值观出发阐释译著，如果原作所表现的文化特色与本民族有相似之处，他就容易接受。如果存在差异，他就不太容易接受。在这种情况下，译者有必要对原著做适当的归化处理，以适应译语读者的文化趣味。但如果过分归化，把原作的文化特色全部替换成译语文化特色，这就有悖于文化交流活动的宗旨和目的。①

在文学翻译中，译者认为如果译语文化优于源语文化，就容易走向过度归

---

① 贾延玲，于一鸣，王树杰. 生态翻译学与文学翻译研究 [M]. 长春：吉林大学出版社，2017：90.

化的极端。中国文学作品的翻译在西方已有较长历史,由于近代中国在经济、文化上一度落后于西方,因此西方译者具有一种文化优越感,任意归化中国文学作品。近现代的百年间,欧美国家不断发展政治、经济、文化,慢慢成为国际社会的主导力量,所以欧美社会中产生了文化自我中心主义,欧美译者在翻译"文化弱势"民族的作品时常常将其文化特色进行"欧化"。

翻译批评者需要深入研究源语文化和译语文化的政治、经济、历史、哲学、美学、语言等领域,力求成为文化研究专家。为了提高译语读者的文化接受力,通常采用译文中解释、直译加注等方法对原作中所包含的文化内容做出说明和解释。直译加注法能同时保留原作的文化色彩和行文特点。尤其是翻译简洁凝练的诗歌,此法既能保存原诗的文化特色,又能再现其精练含蓄的语言风格。除直译加注外,译者也可在译文中对原作文化内容进行说明,但要防止解释过度,导致译文冗长啰唆,可读性降低。在文学作品的四种体裁中,散文和小说篇幅较长,译者可适当采用译文中解释的方法进行翻译。戏剧、诗歌注重语言的精练,采用译文中解释的方法会拉长译文篇幅,使语言冗长拖沓,损害原文风格,因此适宜采用直译加注法。批评者评价译者采用的文化翻译方法应充分考虑原作和译作的体裁形式。

在文学翻译中,译者作为文化交流的使者,有责任帮助译语读者了解源语文化。他不应任意归化原作,而应充分考虑译语读者潜在的理解力和译语文化潜在的接受力。跨文化交流是一个循序渐进而非一蹴而就的过程,译语读者对异域文化的理解是从陌生到熟悉。尤其是那些名著名译,译语读者往往要经过较长一段时间才能逐步理解其丰富深刻的文化历史内涵。译者应尽可能保留原作文化的"异国情调",留给译语读者充分的文化阐释空间。批评者评价译作,应看其是否最大限度地保留了原作的文化异质,给译语读者留下了文化阐释的空间。

第二节 功能翻译理论与文学翻译批评研究

一、功能翻译理论相关概述

功能翻译理论创始人是德国的语言学家莱斯(Katharina Reiss),其在翻译批评中提出将文本功能列举为翻译批评的重要标准,将翻译行为达到的特殊目的视为翻译批评发展的新模式,要通过对译文以及原文功能关系进行分析,对译文采取综合性评价措施,初步确立功能理论发展原型。而后她的学生在已有的理论基础上创造性提出翻译目的论,主要是突出翻译策略以及翻译应用方法受到译文预期目标与功能影响。费米尔(Hans J. Vermeer)认为翻译属于一种人类行为,也是一种基本转换方式,各项行为都有具体目标与目的。他在目的论框架中提出翻译目的决定性因素是广大受众以及译文意旨接受人员。读者自身具备相应的文化知识,对于译文有不同需求,所以翻译是在目的语情景中为某项目的以及目的受众而产生的语篇。①

基于费米尔目的论所提出的观点,在翻译过程中要注重遵循目的原则,即翻译行为是指译者在翻译中的行为,不管译者是有意还是无意,都会带有一定的目的性。其次在目的论中还存有连贯性与忠实原则。连贯即是要求译文语句表达连贯,这样能有效提高接受人员的理解,在目的语文化以及译文交际环境中具有较大意义。忠实原则就是译文和原文之间表达连贯,要始终能忠实原文,其中忠实基本形式以及整体程度受到翻译人员对原文理解的影响。而后有学者在此基础上开始逐步拓宽译文功能理论,为了能对激进功能主义进行调控,开始提出将功能与忠诚有效搭配,即在翻译过程中,主要是促使各类译文自身具有多项功能,在提升文本联系性基础上对译文各项要求与功能进行具体化。概括来说,功能翻译理论是基于全新发展角度对翻译进行全面诠释,表达了该如何对翻译活动进行指导,主要是突出翻译目的核心作用,还要兼备作者、译文读者、翻译发起人员多方主体。但是较多研究人员得出各类文学作品自身地位特殊性较强,其表达语境以及多项功能要优于非文学作品,所以在文学作品中应用功能翻译理论,有较多问题要进行深入思考和探究。

二、功能翻译理论与文学翻译分析

(一)文学翻译目的性

目的论提出翻译就是译者依照各项特定要求采取的行为,其各项行动开展过程中都具有目的性。所以,当前文学翻译过程中译者要保障在特定语境中译文的各项功能可以有效展示。文学翻译是各类要素组成的行为过程,文学翻译人员自身行动会受到较多要素影响,此类影响就是组成文学翻译目的的重要基础。但是有部分研究人员认为,将不同目的融入相同的文本中会限制对作品的

---

① 郭燕华. 浅谈功能翻译理论在文学翻译批评中的应用[J]. 活力,2019 (21).

理解。文学理论将作品分为认知与潜能,而目的论中仅仅将作品视为是认知,未能将作品看成是用于各类情形、各类接受人员。针对此类评论,在一项作品完成之后,需要明确自身是否已经具备某项预期的表现功能。在目的论中并没有对各类作品以及其基本用途进行否定,但是译文自身属于一部完整作品,其自身也具有相应的应用价值。所以对文学翻译目的性进行认定的同时,也要注重突出文学作品自身的潜能。

(二)等值并不是文学翻译唯一目标

有许多学者将文学翻译认定为是在全面重视原文文本的基础上,提升艺术综合表现力以及基本文学特征。但是从当前社会实践活动中能得出,有许多译文在目标追求过程中,功能与原文目标不能有效对应,主要是由于部分文学作品在翻译过程中并不会必须要求实现等值。比如将优美的散文改写成一部舞台剧,将外国文学翻译成课堂教学应用材料,将成人阅读书籍翻译成儿童阅读读物等。此类现状注重突出翻译基本功能,这也优于对等论基本标准。

(三)译者地位提升促使翻译时更具有创造性

有部分研究人员认为功能翻译理论的提出与应用能有效强化翻译人员对翻译目的的有效认识,全面补充、完善翻译阶段所采用的翻译策略,提升各类文本可译性。这样能全面转变传统直译模式。通过应用功能翻译理论全面提升译文重要地位。在功能翻译理论指导作用中,译文能全面转变传统文化发展形势。原有文本仅仅是各类信息提供源,诸多翻译人员要对照译文基本功能选取提升译文接受人员兴趣程度的各项信息。翻译人员在翻译过程中能自主选取认为更能有效提高译文功能的翻译策略。在翻译过程中正是由于此类灵活性以及自由化特征,才能促使文学翻译创造性更强。文学翻译实践活动开展过程中是积极寻求客观统一发展的过程,各类社会现象以及表述形象都能精确化展示在原作中。

但是各类客观化事物要基于翻译人员加工制作,通过翻译人员创造性补充,才能客观化展示译文中各类事物。从某种层面上来看,优秀文学作品是各类精神活动开展的产物,也是突出译者精神活动的重要产物。所以,目前针对各类文学作品,在翻译过程中翻译人员要注重突出主观能动性,在精确表达原作内容基础上,突出形式方面、风格方面的美感,这样才能获取译文原有的功能,促使更多读者在读译文过程中能得到较大启发,感受到更多美感。

三、功能翻译理论在文学翻译批评中的应用

（一）功能翻译理论在中国古典诗歌翻译中的应用

21世纪的很长一段时间里，很多作曲家开始全面深入研究中国古典诗歌的翻译活动，其主要目的一方面在于把中国诗歌介绍给外国读者，传递中国文化，另一方面也是为了冲击在美国诗坛上涌现出的矫揉造作。众所周知，庞德（Pound）是20世纪初美国意象派运动的创始人，他在翻译制作时不会局限于原著，而是在原著的基础上进行大胆创作。与其他诗人不同，庞德在进行翻译时，有时会删除原著的整行诗句，只保留一些他认为是闪光的细节和意向。例如：

原文：玉阶生白露，夜久浸罗袜；却下水晶帘，玲珑望秋月。

李白《玉阶怨》

译文：The jeweled steps are already quite white and dew, It is so late that the dews soaks my gauze stockings, and watch the through the clear autumn。

如果将两句话单独进行研究，我们很难将二者联系在一起，更不会认为后句是前句的译文。虽然庞德所翻译的内容和原文有着很大区别，但值得注意的是庞德保存了译文中较为生动的意象以及原文潜在的含义，如"玉阶""白露""罗袜"和"秋月"等。庞德在翻译这段文字后，曾表示他特别喜欢这首诗隐藏的含义，诗中的女子并没有直接将自己的怨言说出来，这也是庞德翻译时尽可能保留该诗中隐含意义的原因。又如，在翻译班婕妤的《怨歌行》时，庞德甚至用三行来代替原文的十行诗句，仅保存了他认为最珍贵的细节。

由此可见，庞德在翻译中国诗歌时，采用了非常灵活的翻译方法。在原著的基础上或者改变或者删除，或者添加一些原文不曾出现的诗句。但值得注意的是，无论改动幅度多大，他都将原诗中最具特色的内容和含义留存下来。虽然很多人认为这种翻译方法显得不尊重原文，但是从功能翻译理论的角度来说，这种翻译非常好，且值得赞赏，他将原著的基本内容保存了下来，也完全达到了译者本人的目标。可以说翻译文本无论从表达意向的精准性上，还是从简洁性上，都与意向主义运动的主张非常一致，例如"六项宣言"。可以说，这种翻译理论为广大中国古典诗歌的英语读者展现出一种崭新的、陌生的诗歌形态。

(二) 功能翻译理论在小说中的应用

作为中国重要的现实主义小说之一,《红楼梦》在中国文学界的地位举足轻重,对其进行翻译推荐给国外读者,有着很高的文学价值。但这一项工作并非简单且一蹴而就的工作,而是一项极具困难且非常复杂的工作,每一句话,每一个词语的应用,都有可能影响小说本身的文学美感。正因如此,有必要采取切实可行的对策,仔细研究小说的语句,尽可能把小说本身的文学美感展示出来,让外国读者在品味小说的同时也体悟到中国文化的博大精深。[1] 杨氏夫妇为了达到这样的目的,就采用了功能翻译理论的原则对该部著作进行翻译,尽可能保留中国文化的传统韵味。众所周知,《红楼梦》这部剧作中人物较多,且每一个人物的命名都非常讲究,不止主角的人物非常重要,甚至一跃而过的小人物的名字,也往往蕴藏着很深的含义。因此,在翻译过程中,这对夫妇采用了偏重充分性的翻译方法直接将这些名字音译过来,一方面保留了原著的异国情调,另一方面也实现了中国文化的传播。简单的音译并不代表作品的完成,杨氏夫妇还对小说内重要的人物姓名进行了注解,将原作人物命名的丰富内涵表示出来。例如,《红楼梦》中的经典人物"甄士隐"寓意为"真事隐",杨氏把名字音译为"Chen Shin",同时在文里加上注解"homophone for 'true facts concealed'"。由此可见,这种做法一举多得,一方面实现了人物形象的真实表现,另一方面也传播了中国文化。

不仅如此,《红楼梦》这部小说还出现了一些谚语,杨氏夫妇在翻译这些习语是为了能够保留谚语中蕴含的文化内涵,宣扬中国传统文化,直接采用了直译方法。例如,

原文:真是天有不测风云,人有旦夕祸福。

译文:Storms gather without warning in nature, and bad luck befalls men overnight.

杨氏夫妇的这句翻译充分表现了中国谚语的对称特色。除此之外,《红楼梦》中的谚语还有很多,包括谋事在人,成事在天等等。由此可见,为了翻译《红楼梦》这部经典著作中蕴含的文化信息,杨氏夫妇采用了多种的翻译策略,对小说中存在的人名和地名等双关语以及谚语和典故等大多采用直译加注释的方法进行翻译,取得了较好的效果。

---

[1] 文宇. 功能翻译理论与文学翻译批评研究 [J]. 科教导刊(电子版), 2020 (36).

(三) 功能翻译理论在小品文中的应用

《浮生六记》是一部经典的小品文,作为我国古代典籍的典范,该部作品的重要性不言而喻。近些年来,文学界的学者开始尝试对该部作品进行翻译,旨在达到宣传中国文化的目的。林语堂在翻译《浮生六记》这部小说时完全采用了与杨氏夫妇翻译手法相悖的翻译手段,林语堂之所以采用这种方式,主要目的是向国外读者呈现中国处世哲学的精华,使国外读者在繁忙的工作当中能够变得更加平和。也就是说林语堂翻译作品的主要目的是为西方读者提供与原著风格一致的小品文。正因如此,林语堂在翻译时采用了多种方式,其比较迁就读者的需要,极大地免去了读者为不时查阅注释而不得已打断欣赏作品的苦恼。《浮生六记》第1章是闺房记乐,在该章节内出现了多座桥,每一座桥的名字都是不一样的,有金母桥和饮马桥以及万年桥等。为了能够让读者轻松理解加记忆,林语堂将金母桥翻译为"Mother Gold's Bridge",饮马桥翻译为"the Bridge of Drinking Horse"。这种翻译方法对于英语读者来说非常容易记忆,且读起来趣味性更高。

林语堂在对人名进行翻译时,也大量采用了直接音译的方法。需要注意的是,中国古典小说当中有时用"名"来代替一个人,有时用"字"来代替一个人,有时也用"号"来代替一个人,如果我们对此直接翻译,势必会导致英文读者在读书时产生丈二和尚摸不到头脑的感觉。为此,林语堂在全文中都只用名字来指称同一个人,避免增加英文读者的阅读困难。

除此之外,为了方便西方人记忆,林语堂在翻译实践时也采用了极具中国特色的纪念方式,例如,"乾隆癸未年"被简单地翻译为"in 1763"等等。虽然从一些理论家的角度来看,林语堂的这种翻译方法使西方读者丧失了了解中国文化的渠道,但我们不得不承认,林语堂的这种翻译方式,在一定程度上方便了西方读者,使他们感受到了阅读此书的快乐,因此,该翻译作品是一个成功的作品。

第三节 文学翻译批评者应该具备的素养

文学翻译批评是一种复杂的思维、语言创造活动,对批评者的综合素养,包括文化修养、艺术造诣、理论素养、语言功力批评技巧等,提出了很高的要求。就翻译批评者而言，其必须拥有强烈的责任感，把翻译批评看作一项神圣崇高的事业，对作者、原作、译者、译作、译语读者以及文学翻译高度负责。批评者应具有"精品"意识，优先考虑那些思想艺术价值高的佳作佳译，认真对照原作，对译本逐字逐句地细心审读。

一、具备丰富的表现力

要想提高翻译批评的水平和质量，批评者必须优化思维心理机制、丰富批评经验、提高批评力和表达力。批评者的思维心理机制包含审美感知想象、情感、认识、意志、理想、趣味等要素。就审美感知而言，批评者的直接阐释对象是原作和译作的语言符号，它形象生动，富有暗示性，能带给读者强烈的感官（视觉、听觉等）印象，激发其想象力，在其头脑中唤起栩栩如生的艺术画面。

翻译批评者应充分调动自己的审美感官（视觉、听觉、味觉、触觉、嗅觉等），对原作和译作语言进行审美感知，获得审美享受。翻译是一种简洁、凝练、浓缩的语言，通感手法的运用使翻译获得最大的可感性和形象性，因而读者无论是从原文中的通感现象，或是从具有这种通感现象的译文中，均能在声音、色彩、气味、温度中获得奇妙的复合审美感受。

二、具备审美感受力

翻译批评者需要敏锐细腻的审美感受力。批评感受力是通过审美过程中对审美对象的特征和意蕴的感知、想象、知解等多种感觉综合而形成审美体验的特殊能力。批评者应具有敏锐的诗意感觉、对文学印象的强大感受力、高度的审美感和对美给予各种印象的敏感。翻译批评者的感受力主要是对语言的一种敏锐细腻感知力。对于中国古典文学经典名著而言，在某种意义上说现代作家是对原作语言艺术有着特殊敏感和感悟的读者，而有心的译者则是带着外语的想象去阅读和理解原作的读者。在语言的转换中，得其"意"比较容易，得其"味"却很困难。之所以困难是与存在于不同语言之间的多方面的差异有关，比如词项和短语在语义上的对应程度；句子的结构与长短；语段和篇章的组织，衔接与连贯；具有相同语义的句子因结构和长度的改变使其声音和节奏产生的变化；不同的修辞手段；与人物性格相关联的话语语气等，译文里的这些因素都会对译文读者的感觉，也就是译文的"味"产生影响，加之译者对原文的理解和译语运用所表现出来的不足，译"味"就更觉困难。

翻译批评者的审美感知是一种"内在"感知（"内在"视觉、听觉、触觉、嗅觉、味觉等），即审美想象，这种想象是一种再造想象。文学语言是意象语言，文学创作的核心是塑造艺术形象（审美意象），文学翻译的核心是再现原作意象。原作和译作的意象潜在于文本语言中，批评者需要运用再造想象在头脑中将语言还原成意象。由文学语言而引起的表象联想，本质上是一种动态意象，是审美主体在客体的作用下，通过想象、知觉、情感等多种心理功能协调所创造的直接显现在心灵世界中的一种审美意象。再造想象是批评者通过体味作品的语言内涵，把语言符号转换为新的形象体系及对创作心理过程的推想能力。欣赏者根据创作中的艺术语言联想到与语词相联系的表象，并按照作者的描述进行表象组合。因而本身并无形象性的语言却能在读者心中唤起丰富的形象感。

三、具备审美想象力

翻译批评者需要有丰富的审美想象力。翻译批评者的审美感知和想象融合了情感体验，它贯穿于翻译批评的整个过程。批评者倾向于选择那些能打动和感染自己心灵的原作和译作，并投入深沉真挚的感情与作者、译者、原作人物（译作所再现人物）进行深刻的移情体验，产生强烈的思想和情感共鸣，然后通过批评文本把自己的情感体验传达给读者。批评者对原作和译作应是"知之、好之、乐之"的态度，进而使批评文本情文并茂，感染读者，使其"知之、好之、乐之"。翻译批评者需要有丰富充沛的情感积淀。

翻译批评者的感性体验融入了理性思维，它贯穿翻译批评的整个过程。批评者选择批评对象（原作和译作）既要满足自己的情感需要，也要了解作者、译者在文学史和翻译史上的地位、他们的世界观、价值观、艺术观翻译观和语言风格、原作和译作在源语文学和译语翻译文学中的地位等诸多因素。翻译批评者选择原作和译作，既要看其是否具有一定的思想艺术价值和社会影响，也得量力而行，考虑自己的批评能力是否适应批评对象。翻译批评者对原作和译作的审美鉴赏融入了理性分析和审美判断。审美判断是主体在审美感知的基础上，运用一定的审美标准对审美客体意向性的认识和理性判断，具有抽象性、概括性的特点。批评者应从审美鉴赏的情感漩涡中跳出来，对客体进行冷静、理性的审视反照，然后对审视反照所捕捉到的"物质材料"按照一定的审美标准，取一定的切入角度作定向分析，运用概念、范畴、判断、推理的形式概括客体的审美属性和特征、评判客体的审美功能和价值，通过对某些判断的分析引出新判断。

翻译批评者既需要亢奋的情感体验，也要内心虚静，专注于对原作审美的观照，参悟其所蕴含的深远意境和深刻哲理，判断译作是否将其完整传达出来，对译作的优缺点做出公正客观的评价。翻译批评以翻译艺术的欣赏为基础，对译本或者翻译理论问题做出科学分析和评价，以便指导翻译实践和翻译艺术的欣赏活动。严格说来，翻译批评是一种学术活动。它具有科学性，需按照一定的标准和方法进行，是根据文学翻译活动的艺术规律对译本进行有序的解析和还原，从中判断译者的审美追求和艺术上达到的高度。这种科学性表现在逻辑的严谨性、判断的正确性和结论的客观性。翻译批评者的审美情感经过理性思维的提炼升华为理趣。批评者必须反复阅读原作和译作，不断加深体会和认识，才能从译著中发现其他批评家未曾发现的价值，形成自己的真知灼见。

四、具备判断力

翻译批评的理性认识要求批评者有深刻敏锐的判断力。判断力是批评主体根据一定的审美理想和批评标准对批评对象的性质和价值进行分析和评价的能力，是建立在艺术感受力基础之上的已经理性化、系统化的知性能力，包括美感价值、认识价值、思想教育价值的评价判断力，其中美感价值判断力包含"韵味辨别力""艺术风格美学特征的品辨力"等。翻译批评者要善于鉴别和判断作者、原作、译者、译作的批评价值，深入剖析原作语言特点和深层内涵，判断译作在多大程度上将其再现了出来。在创作批评文本时，批评者对自己的感受和认识进行归纳综合，使其条理化、系统化，提炼出具有一定指导价值的思想观点，赋予批评文本理论品味，这要求翻译批评者要有较强的理论建构力。

翻译批评者的审美意志是完成批评活动的重要保证。翻译批评是艰辛的创造性工作，需要批评者付出巨大的体力和脑力劳动。尤其是评价那些文学巨著的译本，批评者如果缺乏顽强的意志和持之以恒的精神，是难以保质保量地完成任务。其次，翻译批评要对译者、译作"评头论足"，容易成为"是非之地"，批评者要承受很大的精神压力。他必须有充分的思想和心理准备才能克服压力，顺利地完成批评活动。

五、具备审美理想

文学翻译批评是一项神圣崇高的事业，积极健康的翻译批评能促进文学翻译的发展和进步。批评者应树立崇高的审美理想，立志为国家和民族的文化进步做出贡献。批评者的审美理想和趣味形成独特的期待视野，影响批评活动的整个过程，包括批评对象的选择、原作的阐释、译作的评价、批评文本的创作，使批评者形成自己的批评风格。首先，批评者有自己的兴趣爱好和价值取向，倾向于选择那些与自己气质个性相近的作者和译者、适合自己审美需要和趣味的原作和译作。批评者被原作和译作所深深吸引，产生浓厚的审美兴趣，就会深入作品与作者、原作人物（译作所再现人物）产生强烈的思想情感共鸣。其次，批评者会按照自己的审美趣味来鉴赏原作，评价译作，使批评活动个性化。最后，批评者通过批评文本来表达自己对译作的个性化阐释。

翻译批评需要批评者有指导性的审美理念即审美理想，它与审美趣味紧密相连。批评者的审美理想是民族历史文化长期积淀的产物。首先，无论是鉴赏还是批评，审美主体的联想和想象都必然受到审美历史积淀的制约和规定。其次，民族文化系统的连续性形成了较为凝固的社会价值观，并通过长期的文化实践转化为审美规范。这种审美规范的本质就是审美理想和审美趣味。批评主体的心理结构要素包含知、情、意、理、趣。其中兴趣反映出主体的爱好、个性和需要。兴趣一旦与批评需要吻合就会促进批评发展，使效率大大提高。

批评者的审美理想和趣味反映了其审美人格。对译者来说，"人格出译格"；对批评者来说，则是"人格出评格"。批评者有崇高的审美理想，才能培养起高雅的审美趣味，选择出名作佳译作为批评对象，使批评文本富有艺术和美学品味。翻译批评者的审美理想和趣味也会形成审美定势和偏好，使批评者产生先入之见，影响译作评价的公正性。因此，批评者应不断丰富自己的审美兴趣，扩展自己的"前理解"，在批评活动中力求做到无偏无私。文学翻译是一种跨文化、跨语言的艺术再创造活动，翻译批评必然涉及源语与译语之间的文化和语言比较。批评者必须有自觉的文化和语言比较意识。

六、具备审美经验

翻译批评者优化思维心理机制，提高批评活动的质量和水平，需要通过长期实践积累批评经验。批评经验是一种审美经验，它来自审美体验。审美体验是主体对客体内在审美价值和属性的感受和认识。审美体验是一种特殊的审美经验，是今人依据过去的审美经验对当下的审美对象有感而生的新审美感受，是审美经验强烈而深刻丰富而高妙、充分而激烈的动态形式。审美经验是主体审美经验在其头脑中的积淀，它包括一切过去和当下的审美感受的全部经验总和，是主体从无数次审美活动中获得的各种审美感受和内心印象的总汇。它具有积淀性、被动性和接受性的特点，也有历史积淀性和普遍认同性，其是相对静态的。审美经验是普遍性的，审美体验则是个性化的，它是相对稳定的审美经验的激发流动、重新组合过程，是主动的、富有创造性的导向活动，其能显出审美主体的能动性和鲜明个性特征。

  翻译批评者获取审美经验的途径包括艺术欣赏、理论学习和研究、批评实践、翻译实践等。就艺术欣赏而言，批评者应博览中外优秀文艺作品。译者要储备感性和理性两种心理信息。其中，感性信息包括"第一级感性信息"（来自神奇大自然和庞杂社会生活以及与之相伴随的情感体验）和"第二级感性信息"（来自绘画、雕塑、音乐、文学、电影、电视等艺术展现在我们眼前的生动逼真的生活画面和自然景观以及与之相伴随的情感体验）。[①] 翻译批评者要重视生活体验，要生活阅历丰厚，能更深刻地认识和体会文学作品中所蕴含的人生哲理。批评者更要重视阅读古今中外文艺名著，欣赏其优美的语言、生动的意象、悠远的意境、高超的艺术表现技巧，在头脑中尽可能地储备感性信息，充实审美经验。翻译批评者通过艺术欣赏培养审美能力，审美能力受审美对象所制约，它是审美对象的特性所规定的审美主体必须具备的特殊本领。这种特殊本领的获得正是通过审美对象作用于审美主体的审美活动。

  批评实践是翻译批评者获取审美经验的最重要途径。批评者只有通过大量长期的批评实践，才能形成自己的批评风格。翻译批评要兼顾广度和深度，注意质的提高和量的积累，既要着重评价名作名译，也要顾及一般作品和译作。批评者还需有一定的翻译实践经验才能深刻体会翻译工作的艰辛，体谅译者的难处，对译作做出客观公正的评价。

  在翻译批评者的培养中审美教育十分重要。主体接受审美教育的目的是建构理想人格和培养审美能力。人格是主体的自我意识，人格的全面发展是主体认识能力在知、情、意诸方面的全面发展。人生的审美境界既在于使人生艺术化，又意味着要用审美的态度来对待人生，完美的人格是真善美相统一的人格。翻译批评者通过审美教育完善审美心理机制、健全艺术人格，最终促进批评质量和水平的提高。翻译批评者作为社会个体需要有基本的物质生活保障，这是其安心从事批评活动的基础。同时，作为审美主体他必须具有一种超越精神，过多考虑物质名利、人情世故会阻碍和限制其批评才能的发挥，成为其批评创造道路上的绊脚石。翻译批评者如果急功近利，为人际关系所束缚，在选择原作和译作时就会良莠不分，在评价译作时就难以做到公正客观、实事求

[①] 王平.文学翻译批评学[M].杭州：杭州出版社，2006：411.

是，这是对作者、译者和译语读者不负责任。因此，翻译批评者必须处理好基本物质需要与批评家责任之间的关系。

第四节　文学翻译批评的实践

一、诗歌翻译批评

（一）诗歌翻译批评之译者因素

译者是诗歌翻译活动中最活跃的因素，是诗歌翻译批评中重要的参照因素之一。不同的译者基于不同的翻译目的、不同的目标读者和理想读者并由此采用不同的翻译策略，从而使得诗歌翻译国内国外盛行、译本异彩纷呈。传统的以文本为中心的分析和研究忽略了译者这一重要的参照因素，探讨诗歌翻译译者这一维度，就需要提到翻译方向问题。以翻译方向为基准，可以把诗歌翻译的译者分为不同的类型：顺译的英美译者、逆译的中国译者、顺译逆译兼有的华裔译者和顺逆结合的合译译者。

翻译方向指的是译者把自己的母语译成外语还是把外语译成母语。[①] 一般来说，在正常情况下，译者译入母语必然比译入外语要有把握，译文在可读性和符合译入语语言习惯方面也必然更为可靠。译者应尽量将外语译成本族语或译成与本族语同样熟练的另一种语言。翻译方向问题在我国翻译批评研究中并没有引起足够重视，原因之一可能是从英语译成汉语（即母语）的情况在我国翻译活动中是主流，文学作品中的英译汉及翻译批评研究中的主体大多是以汉语为母语的中国学者，目前国内的诗歌翻译批评在翻译实践、翻译理论研究方面存在翻译方向的问题。

（二）诗歌翻译批评之读者因素

1. 不懂汉语的西方读者

可以将不懂汉语的西方读者群细分为普通的读者和专业的读者。对于普通

[①] 潘帅英. 论中国古典诗歌翻译批评的超文本因素及多维路径 [J]. 洛阳师范学院学报，2018（1）.

的西方单语读者来说,不存在与原文参照阅读的要求,因此,对于他们来说,他们的"期待视野"就是出于娱乐消遣而想阅读英文诗。专业的西方读者可分为知识界、译界和评论家三大类。西方知识界存在许多不懂汉语但具有一定文化教育程度和一定外国文学接受能力和审美鉴赏能力的读者,他们对于译诗的质量有一定的要求和期待,欣赏诗歌文化精髓和艺术魅力,从而为自己的诗歌创作提供语言、风格等方面的素材和灵感。

2. 懂汉语的西方读者

懂汉语的西方读者可分为一般读者和专业读者。懂汉语的西方读者存在将诗歌原文和译文进行对照阅读的期待,对于他们来说,既想品读诗歌,又想欣赏诗歌译文。但相对于专业读者来说,一般西方双语读者由于汉语水平的高低限制,所以并没有诗歌在英译文中是否实现审美再现的期待。相反,懂汉语的双语西方读者主要包括知识界的汉学家、译界的汉学家、翻译家和评论界的学者。西方主要从读者的角度出发,他们的阅读需求不仅仅是读到好的译诗,还想了解诗歌传达的意蕴和内涵,不同于英美诗歌的形式、结构、风格等,他们甚至想通过译诗了解诗人的生活经历等深层的文化文学阅读体验。

3. 懂英语的中国读者

诗歌翻译的译文读者中还存在相当一部分懂英语的中国读者,这部分读者群也可以分为普通读者和专业读者。普通读者或出于娱乐消遣,或以欣赏鉴赏为目的,不管是从原文读者还是从译文读者角度来看,普通中国读者均有参照诗歌原文和译文对照阅读的要求期待,希望从中既能品读到原汁原味的诗歌,又能读到晓畅自然的英文诗,但由于英语水平的高低限制,英文诗是否再现了诗歌精髓的专业要求则不高。

相对来说,国内的专业读者,无论是知识界、译界还是评论界,对于中国古典诗歌英译文的"期待视野"都是广而深的。从读者角度来看,知识界的学者从比较文学的视角审视诗歌的文学性和文化在英译中的再现程度;译界的学者不仅仅从比较文学的视角审视中西诗歌的异同,还考虑诗歌的精髓能否在英译文中再现以及能否为目标读者或理想读者所接受;而评论界的学者在知识界和译界学者的读者"期待视野"之外,还要考虑译诗与译语世界文学、文化相容相斥的情况以及对于译语文学的发展和影响。

二、小说翻译批评

（一）小说翻译批评现状

小说翻译批评一直流于主观印象式评论，缺乏比较有说服力的理论来引导。一是产生于语言学和相关学科的翻译理论难以充分解析小说翻译中的各种现象；二是大量的翻译批评主要集中在诗歌翻译方面，很少关注小说翻译的特点，小说的文体特点与诗歌不同，叙事是小说形态学的基本规定，将叙事学引入小说翻译批评能有效分析小说形式及其美学价值，其不失为联系小说翻译理论与实践之间的桥梁。但是，目前叙事学在翻译理论界的声音非常微弱，这一方面是小说翻译研究对叙事学的适用性没有引起足够重视，但更重要的原因是叙事学在翻译研究上尚没有走出狭隘的理论视阈，与翻译研究的大语境文化转向不协调。

（二）叙事学对小说翻译批评的适用性

将叙事学应用于小说翻译批评能避免传统的形式对应和功能等值二元对立的悖论，从而把小说翻译批评的形式与内容有机结合起来。[1] 叙事学对小说翻译最大的贡献在于它为翻译中的假象等值找到了理论依据，所谓假象等值，即从表面上来看译文与原文的内容基本相同且等值，译文与原文的所指相同，但文学价值和文学意义相去甚远。叙事学的最大作用是能让翻译批评家和翻译研究者深入分析小说的形式结构，注意小说翻译过程中的文体损差，并把小说的语言形式及其蕴涵的美学功能和文学意义联系起来。叙事学在叙述类型、叙事视角以及引语转换等三大方面对翻译批评有很大的启发作用。

1. 叙述类型

叙述类型的定义是由叙述主体（作者、叙述者或人物）的某种观点组织起来的结构统一体，它具有各种现实的存在形式、自身的内容和功能，形成一套相对稳定的结构特点和言语手段，包括语调、词汇和句法等各方面的共性。在现代小说中，叙述类型通常因叙述主体的改变而发生变化。

纵观20世纪以来的现代小说，作者在叙述话语中的主体地位逐渐淡化，

---

[1] 张景华．叙事学对小说翻译批评的适用性及其拓展［J］．天津外国语学院学报，2007（6）．

人物和叙述者的话语进入叙述文本，并占据主导地位。所以小说翻译批评应该对具有审美意义的叙述类型给予充分关注，而不少小说翻译恰恰忽略了这一点。传统的小说翻译批评通常比较注意作者的常规写作风格或作品的整体风格，对叙述者和人物的叙述话语关注不够。对叙述类型的关注实际上就是翻译批评必须考虑各种叙述主体的话语在语言风格上的体现，因为在现代小说中小说的真实作者与叙述者和人物的叙述话语在语言风格上存在很大差异，小说的叙述类型和语言风格通常会随着叙述主体的不同而发生变化，所以小说翻译批评必须注意叙述的主体究竟是作者是小说中的人物还是叙述者。唯有叙述类型上的对等才能进一步实现字、词、句和篇章层次的对等，避免小说翻译的假象等值。

2. 叙述视角

叙述视角是小说的叙事技巧之一，也称为聚焦或视点，指叙述者或人物与叙事文中的事件相对应的位置或状态。叙述视角一般可以分为全知视角、第一人称视角和第三人称视角，而第一人称和第三人称叙述视角又可分为内聚焦和外聚焦两种。现代小说逐渐放弃了传统的全知视角，一般采用内聚焦的形式。在这种叙述模式下，人物作为反映者代替叙述者观察事件。但人物并非以第一人称视角讲述自己的故事，而是由故事外的叙述者用人物的眼光观察其他人物或事件。

小说译者应该注意叙述视角的变化，因为多数小说在使用同一种视角进行叙述时往往穿插其他视角，其中包括人物视角等。在人物视角的叙述模式中通常不能有叙述者的明显介入，人物的眼光和意识被直接展现给读者，在文章中往往没有"他看见"和"他想到"等提示语，故没有引起译者的重视，出现了假象等值。叙述视角是叙事文本的形式特点，不同的叙述视角和聚焦形式通常体现了不同的审美意图。译者应该根据叙述视角来把握叙述文本的主题，分析它的形式特征并予以传递，使译文符合原文的叙述特点和意图。所以，小说翻译批评只有把握小说与叙述视角相关的语言形式，才能把握作品的主题并对译文做出恰当的评价。

3. 引语转换

小说中的引语指叙述时对人物语言或思想的表达方式。早在古希腊柏拉图就区分了引语的模仿和讲述两种方式，模仿即直接展示人物话语，讲述指转述人物话语，但这种简单的分类不能满足分析小说人物话语的需要。法国当代叙事学家热奈特从叙述者与人物话语的距离出发，把引语分为三种表达方式：直接式、间接式和叙述式。

引语形式的变化通常意味着叙述人对人物话语控制程度的改变。在小说翻译过程中,为了追求译文在审美和艺术效果上与原文的等同,在没有语言差异造成没有对应项的情况下,一般尽可能要使引语形式与原文严格对应,不主张译者改动原文的引语形式,因为引语形式的改动实际上从一定程度上改变了引语内容和审美价值。

(三) 叙事学在小说翻译批评中的拓展

将叙事学应用于小说翻译批评体现了小说作为叙事文本的形式特点,为小说翻译批评找到了有效的分析工具,但目前的小说翻译批评并没有考虑到原作的叙事形式通过翻译之后会产生的种种变化,仍然停留在对假象等值的讨论上,这种单向度的批评视角限制了叙事学在小说翻译批评中的应用。因为小说翻译批评不仅要探讨应该如何翻译小说,而且要研究译者为什么这样翻译。换言之,就是要把小说翻译的叙事与语言、文化和意识形态等各个层面联系起来分析译者对叙事文本的干预。

在小说翻译中,虽然说译者在一般情况下应该使自己的声音与作者的声音融为一体,避免翻译的假象等值。但小说翻译批评者必须考虑译者所处的文学和文化语境,考虑翻译的叙事交际特点。事实上,在小说翻译中由于叙事传统的差异性和翻译本身的目的性,译文与原文在叙事形式上并非完全相同。比较典型的现象就是我国晚清时期的小说翻译,一方面中西小说叙事传统差异过于悬殊,另一方面译者的翻译又带有很强烈的目的性,通常对原文的叙事形式进行某种程度的操纵或改写。

三、散文翻译批评

散文的内容和形式是多种多样的,通常篇幅短小精悍,能够灵活、迅速地反映生活。散文语言简洁凝练、优美明丽。可以说,散文语言是灵动的语言,最忌讳落入俗套。作为一种文体,英语散文起源于 16 世纪末、17 世纪初。它一般可分为正式和非正式两大类。正式散文采取客观态度论说事理,说理透彻,逻辑性强,结构严谨,用词讲究,风格凝重。某些作品浓缩凝练到几乎字字珠玑,句句皆可成为座右铭的程度。非正式散文则是个人思想感情的抒发。在散文里,作者让自己的想象力自由翱翔,任意驰骋,若即若离,婉转曲折,点到即止,主题虽小,意义深刻。文章结构散漫、风格自由、语言浅近、自由奔放、无拘无束、生动幽默、轻松自然，作者的个性跃然纸上。下面就从文本范畴（Literary category）和语言范畴（Language category）两方面分析与评价散文。

（一）文本范畴

文本类型决定译者会采取什么样的翻译方法，也影响翻译批评者能否对文本做出合适的评价。根据布勒语言功能三分法，可以看出文本具有陈述功能、表达功能以及呼吁功能。根据文本的功能，从而将文本划分为以内容为重的文本、以形式为重的文本和以呼吁即感染为重的文本。以形式为重的文本包括散文和诗歌等，在翻译此类文学作品时，在保留原文内容基础上，尽可能做到形式相似和产生对等的美学效果。原文的语言形式决定目标文本的形式，而不是原文文本信息决定。译者在翻译时可以直译习语，和原文作者采取同样的方式处理隐喻。

（二）语言范畴

在翻译著作作品时只有正确理解和表达语义要素、词汇要素、语法要素和风格要素，才能在目标语文本中保留原文的意义。在翻译批评的过程中，批评者必须在以上四种语言要素下评价译本，具体包括语义对等、词汇充分、语法正确以及风格对应。下文就语义要素、词汇要素、语法要素展开说明。

1. 词汇充分

词汇充分是翻译批评者在评价译文时所用的考量标准之一，字对字的直译不能当作客观标准，因为两种不同的语言之间的词汇不能够完全对应。词汇充分考察译者遣词造句的能力。具体而言，即处理科技术语、双关语、习语以及暗喻等原文要素的能力，译者能否将原文成分在译文中淋漓尽致展现出来。

2. 语义对等

语义对等是保留原文内容和意义的重要因素。译者要区分好多义词和同音异形词等，正确理解原文，保持译文和原文内容的一致性。错译及随意删减对译者而言是致命伤，稍不注意，评论家就会群起而攻之。

3. 语法正确

汉英最大的句法区别在于形合的对比。人们普遍认为，汉语是一种重形合的语言，而英语是一种重意合的语言。英语句子依靠各种显性的衔接手段，句式结构复杂，只有一个主谓宾结构，如同一个树干，其他的成分附属于主干，因此英语被称为树形结构。汉语多短句,没有明显的连词,各部分靠语义或者逻辑关系衔接,通常被称为流水句或竹节句。因此,译者在汉译英或者英译汉的过程中,应充分考虑汉英句式的差异,灵活处理原文,使之符合译入语规范。

第六章　翻译批评的元理论视角研究

经过半个多世纪的发展，翻译学已经发展为一门独立的学科。翻译学的研究对象显然应该是人类绵延了几千年的翻译活动及其结果。从这个角度讲，翻译学是一门经验科学。缺少批评的经验科学是不完整的，所以翻译批评是翻译学的重要组成部分。本章旨在对翻译批评的元理论展开研究，从元理论视角下的翻译批评的本体论、可译性、直译和意译这三个争论入手分析翻译批评。

第一节　本体论之争的元理论分析

一、传统翻译批评研究中翻译本体论的缺位

(一) 中世纪及以前的翻译批评研究

既然翻译是不同地域操不同语言的人之间实现交流的工具，那么人们最关注的是工具的使用方法和使用效果，而既不是工具本身，也不是工具的使用者。因此无论中西对翻译活动发表见解、展开讨论，对翻译作品展开评论，主要都从翻译方法和翻译标准开始。无论是西方的翻译史阶段，还是中国古代的佛经翻译史阶段都是如此。

中世纪末期，随着社会经济的发展和人文主义的兴起，翻译的工具性更加凸显，我们甚至能从中看到今天功能学派和多元系统论者所描述和分析的图景。既然作为工具的翻译活动是为了达到语言、文学和文化方面的目的，那么一个绕不开的问题是翻译能否完全传达原作的意义和风格。翻译的可译性和不可译性之争由此产生。和翻译的直译与意译之争相同，西方翻译理论中的可译性与不可译性之争也是基于翻译的工具性而产生。

综上所述，直至文艺复兴时期，整个西方翻译界对翻译的探讨主要是翻译家的个体倾向和经验总结，还没有形成系统的研究与思辨。中国同时期的翻译研究亦是如此。从巴别塔的神话传说不难窥见，人们在集体无意识中把翻译视为实现不同地域操不同语言的人相互交流的工具。也许正是翻译的工具性让这一时期的译者多依据经验在标准、方法等问题上发表意见，却忽视了对工具本身的存在形式，即翻译本体论的研究。但辩证地看，当时所有的研究都在无意识的情况下不约而同地以翻译的工具性为前提和基础，这本身就证明了翻译是以工具的形式存在的。

(二) 近代的翻译批评研究

进入近代后，西方翻译作品的题材越来越多样化。在17世纪的法国文学史上古典之风盛行。古典主义自身包含着一对矛盾：一方面，古典主义崇拜古典文化，主张追随古人；另一方面，古典主义又怀疑古典文化的权威地位，力图摆脱古人的影子。古典主义摆脱古人束缚的倾向受到了蓬勃发展的理想主义的鼓励，并且从理性主义中找到了证明自身合理的根据，于是这股暗流冲决而出，引发了法国文学史上著名的"古今之争"。

"古今之争"争论的是古希腊、古罗马文学在17世纪末18世纪初法国文学史上的地位问题。这一争论先后发生过两次，一次是在文学界展开（17世纪末），另一次则是由翻译问题引发（18世纪初）。

此时，翻译学者把翻译讨论的重点放在语言上，一派主张译文的语言要如古典作品那般高雅绝伦，内容和形式要符合目标语读者的口味和喜好。为达到这种语言效果，译者可以牺牲翻译的准确性；另一派则主张用当下朴实的语言准确地表达原文意思。当然，其后也出现了持折中之法的人。其实，"古今之争"是"直译与意译之争"面对具体问题（即如何翻译古典作品）的演化产物。译者依据不同的目标而使用不同的策略，这仍旧体现了翻译的工具性。因此，近代翻译史上对翻译标准的争论是对中世纪及以前翻译理论的继承与发展。但相较于中世纪及以前的翻译学者，这一时期的翻译学者又有明显的进步，他们开始尝试以某种学科视角或理论做出较为科学、系统的理论探讨，而非仅仅是依据个人经验。

近代及以前的翻译理论家在潜意识里都把翻译活动视为不同地域操不同语言的人之间交流的工具。它一方面来自从神话传说中就形成的集体认识，另一方面来自对翻译活动的直接观察。这种工具性让理论家把注意力基本放在了如何运用工具以及生产的标准上，即便涉及与本体相关的要素（如翻译的性质、翻译的概念、翻译的分类、翻译的特点等），也未对其展开深入研究，而是主观将翻译的工具性作为方法研究和标准研究的起点。因此，这一时期对翻译本体论的研究一直处于含而不发的缺位状态。

二、当代翻译批评研究中翻译本体论的变迁

（一）语言学转向背景下翻译本体研究的显现

1. 雅各布森的翻译本体观

俄国学者雅各布森（Roman Jakobson）于1959年发表了《论翻译的语言学问题》一文。该文对翻译研究界产生了深远影响。翻译学界中最常提起并引用的是他对翻译的分类：①语内翻译或改写是用同一语言内的一些语言符号来解释另一些语言符号；②语际翻译或真正的翻译是用一种语言中的语言符号来解释另一种语言中的语言符号；③符际翻译或跨类翻译是用非语言系统的符号来解释语言符号。

这些对翻译的分类本质上是对翻译活动范围的划分，触及了翻译本体存在的形式问题。我们通常所说的翻译是雅各布森所说的第二种情况，即语际翻译。雅各布森把语际翻译视为一种"间接引语"。在翻译过程中，译者从一种语言中接收信息，再将其用另一种语言重新编码并转换，翻译涉及两种不同符号系统中两组对等的信息。雅各布森把翻译问题引入语言学中，考察两种语言差异下的对等问题。任何两种语言的比较都暗含着对它们可译性的考察；大量存在的语际交流活动，尤其是翻译活动都必须在语言学的持续观照下进行。换言之，语言学研究的对象是语言，而非言语。

虽然雅各布森没有用"本体论"这个词来界定他的研究，但很明显雅各布森对翻译本体的理解应该是：翻译就是寻找恰当译入语的工作，一种语言里所有的日常语言都是可以在另一种语言里找到恰当的对等语，但像诗歌和神话这类在语法范畴上承载了大量意义的文本，翻译只能以一种更加明确的方式进行创造性转换，而失去原文的多意性和关联性。雅各布森对翻译存在的方式、条件、界限等基本特征做了完整论述，是典型的翻译本体论研究。

2. 奈达的翻译本体观

尤金·奈达（Eugene A. Nida）是20世纪西方影响最广泛的翻译理论家之一。他的学术活动及成就是多方面的，但他的翻译理论最负盛名。奈达思维活跃、善于开拓，翻译理论和翻译思想产生了世界性的影响，被誉为"现代翻

译学之父"。① 奈达长期从事翻译研究，成果极多，但其思想也存在发展的过程。他最终的翻译本体和雅各布森一样，奈达也将信息论引入翻译研究之中，但他同时还引入了社会语言学和语言交际功能的相关理论，并同样以两种语言的"对等"为研究重点，提出了"动态对等"和"功能对等"两个概念，开创了翻译研究的交际学派。同时，他认为翻译是艺术，但更是科学，需要建立原则和理论对翻译加以规范和描述。而这一切的核心在于奈达对"对等"的要求和对"意义"的理解。

在"意义优先"和以"读者反映"为重的双重作用下，奈达提出"形式对等（对应）"和"动态对等"两个概念。其中，形式对等（对应）指译本的特质。在这类译本中，原文本的形式特征在接受语中被机械地复制出来。形式对应显然扭曲了接受语的语法和风格模式，因此也就扭曲了意义，以至于导致接受者误解或花更多的工夫去理解意义。

而动态对等指原文本的信息被转移到接受语中，译语读者的反应和源语读者的反应本质上相同。源语文本的形式时常被改变，但只要形式转变符合源语中逆转换的规则，符合转换过程中的语境一致性原则，符合接受语中的转换原则，那么信息就会被保留下来，翻译就是忠实的。奈达抓住了深层结构中语义的可迁移性，奈达认为语义的转换是最本质（深层）的东西，而具体的语言表达则是外在（浅层）的东西。这实则是对翻译本体认识的转变，从翻译是语言符号的转换变为翻译是意义的转换，而语言符号则是表现意义的形式和手段。

3. 纽马克的翻译本体观

英国翻译学者纽马克（Peter Newmark）对翻译理论做过系统性研究，涉及翻译全过程的方方面面。虽然他本人没有像雅各布森、奈达那样提出过一些原创性理论，但他在继承前人研究成果的基础上，结合自己的翻译实践和翻译教学，收获了不少独到的见解。

译者应该在四个层面上展开翻译：第一，翻译是一门科学，这门科学需要具备常识，对一些事情进行验证，并用语言描述出来；第二，翻译是一门技术，这门技术要运用恰当的语言和合意的用法；第三，翻译是一门艺术，这门艺术需区分好的和一般的译本，创造性、直觉和灵感决定翻译的档次；最后，翻译的偏好问题，哪些地方应该妥协，哪些地方又应该展现偏好，一部作品的多部优秀译本反映译者的个体差异。

纽马克对翻译四位一体的描述说明了翻译总体模式和标准上的稳定性以及

---

① 闫晓红，陈清贵. 傅雷与奈达翻译观比较［J］. 名作欣赏，2018（21）.

局部内容和形式上的变通性。与奈达强调意义转换、重视读者反映，因此绕过语言"直译"和"意译"的矛盾不同，纽马克以译者实际为翻译角度，不回避翻译中普遍存在的矛盾，而是将矛盾放在一个框架下，突出其共存性和辩证统一性。正是基于矛盾的共存性与辩证统一性，纽马克反对当时翻译研究中流行的"读者反映论"，因为"读者反映论"让翻译理论研究成功避开了翻译中长期存在的各种矛盾。而由于翻译历史上争论各种矛盾时术语繁多，纽马克为了更明确地指出本质，把所有的矛盾归为两条主线：一条以源语为基础，主张直译、讲究忠实，可归结为语义翻译；另一条以目标语为基础，主张意译，讲究符合语言习惯，可归结为交际翻译。

（二）文化转向背景下翻译本体研究的消解

翻译研究中的文化转向是1990年巴斯内特（Susan Bassnett）和勒菲弗尔（Andre Lefevere）在论文集《翻译，历史与文化》中的导言《普鲁斯特的祖母和一千零一夜：翻译中的"文化转向"》中提出的。但这一转向的根源要追溯到1972年霍姆斯在哥本哈根举行的应用语言学第三届国际会议上宣读的论文《翻译研究的名与实》。随着翻译学的不断发展，翻译逐渐从语言学为导向转变为以文化为导向，翻译理论更倾向于交际理论。[①] 翻译被看成是文化交融的结果，而以文化转向为背景的翻译研究则更加关注翻译对社会文化的影响。这是语言学转向和文化转向两种翻译研究范式最为本质的区别。

1. 翻译作为一种文化事实

霍姆斯在建构翻译研究的蓝图时提到一种描述研究方法，并提出此方法有译本取向、功能取向和过程取向三类主要研究方向。而后，以色列学者图里（Gideon Toury）发展了霍姆斯的思想，出版了《描述翻译学及其他》一书，对翻译学的重要性、方法论、价值和运用做了全面研究。另一位对图里产生直接影响的是图里的同事，以色列文化学者埃文—佐哈（Even—Zohar）。埃文—佐哈曾发表过《翻译文学在文学多元系统中的地位》一文。在该文中，埃文—佐哈提出了"文学多元系统"这一概念，探讨翻译文学在文学中的地位及原因。翻译文学在文学中有两种地位，一种是中心地位，一种是边缘地位。同时，当出现以下三种情况，翻译文学将处于文学系统的中心位置：（1）当一国的文学多元系统还未建成，即当一国文学还在建立之中，即初期阶段；（2）当一国文学（在各国文学相互联系的大系统中）处于"边缘"地位、"弱小"

---

① 林晨. 文化转向背景下的国际新闻翻译研究 [J]. 中国科技信息，2012（13）.

状态或两者兼有时；（3）当一国文学处在转折点、危机期或文学真空期时。相反，当一国文学处于强盛时期，翻译文学的数量和影响力都会处于边缘地位。这种研究将翻译限于文学的范畴，完全不考虑译文的生成过程，而转向研究译本在目标语文学体系中的功能和影响。因此，他对译本和翻译本体也产生了有别于传统的认识。

图里接受并发展了霍姆斯提出的"描述翻译研究"的方法，并受到埃文—佐哈多元系统论的影响。他认为翻译是一种目标文化事实；这种特殊状态下的偶然事实有时甚至构成自身可辨识的（子）系统，但无论如何都是属于目标与文化。不管在什么情况下，译本都可以是目标语文本，一种在目标语社会文化系统内被表现为或被视为目标语文本的文本。

图里不关注译文与原文的关系，也不重视译本质量的好坏，而把被称为"译本"的东西作为描述研究的对象。图里甚至还提到过"伪译"的重要性，认为"伪译"指文本创造身处文化之中，总是非常了解译本和翻译活动在文化中的位置，译本可能跟可辨识的篇章语言的特征息息相关。有时，他们甚至会灵活地利用这种了解去提供甚至编写一些文本，就好像这些文本是他们翻译的一样。这类伪翻译也同样被图里当作研究对象，图里还分析了这类翻译在目标语文化中的价值和功能。翻译研究一定包括译本研究，也需要对译本进行描述。但以语言学为研究背景的翻译学者描述译本的目的是探寻译者对具体问题的处理方式，对译本的质量做出评估，对翻译的规律进行总结。换言之，译本的研究和翻译过程的研究是相辅相成的。而以文化为研究背景的学者将译本视为一种文化事实，不问来源，不问好坏，不问真伪，只问被称为译文的文本在目标语文化中的影响和作用，因此，对他们而言"对等本身并不重要"。这实际上不是翻译研究，而是翻译文学研究，归属于文学研究。文学研究中自然提炼不出对翻译本体的认识。

2. 翻译作为一种改写（操纵）

被称为文化转向的宣言的《普鲁斯特的祖母和一千零一夜：翻译中的"文化转向"》一文，对文化转向的渊源和研究目的说得非常清楚。这篇文章是论文集《翻译、历史与文化》的序言。文章一开始便指出要为论文集的导言提供有用的起点，要对翻译在文学研究中的作用进行反思，通过反思，最终目的是公正看待翻译从一开始便在西方文化中扮演的核心角色。这一目标显然继承了埃文—佐哈谈翻译文学在文学系统中地位的思想。

语言学派考虑译本是在准确传达原文意义的基础上，把读者反映作为调整语言表达的一个参数。虽然读者的层次、背景参差不齐导致语言学派在研究中假设的读者饱受争议,但加入读者参数仍然是为语言转换这个本体服务。而在文化转向的翻译学者眼中,读者不是语言转换过程中的一个参数,而仅仅是一批不通外语或不想阅读原文的普通读者,他们并不区分翻译文学和本国文学,所有文学文本都只是消遣娱乐的读物,他们也没有能力区分译本的好坏和正确性,只重视阅读完一本读物后的感受。

换言之,传统语言学翻译理论认为是问题、错误的译文,在持文化转向观的学者眼中可能会变成研究对象,研究的内容便是为何译者要对原文进行改写。因此,与翻译活动相关的各种外部因素,如意识形态、诗学、赞助人、文化语境等成为研究重点。翻译指译本中存在因各种外部因素而发生改写的现象,即对存在现象的总结而非对翻译活动的本体描述。由于这类学者所研究的内容都是与翻译活动相关的外部影响因素,因此没有涉及翻译的本体论问题。

3. 翻译作为一种研究社会文化和文化改造的工具

还有一批学者借鉴了社会文化理论,提出了女性主义翻译理论等理论主张。虽然这些理论另有哲学和社会学思想做指导,但在研究方法(都是采用个案描述法)、研究框架(都是置于社会文化系统之中)和研究背景(都是讨论与翻译有关的文化问题)上,与倡导文化转向的翻译学者有一致性,是将翻译与前沿文化理论相结合进行跨学科研究的重要表现。

有学者指出女性主义翻译理论旨在辨别和判断将女性和翻译同时融入社会和文学底层的纠缠不清的各种概念。因此,女性主义翻译理论必须研究翻译被女性化的过程,并动摇维系翻译与女性之间的这种联系的权威结构。女性主义学者受到包括德里达(Jacques Derrida)的解构、福柯(Michel Foucault)的权力话语、巴特(Roland Barthes)的"作者之死"等在内哲学思想的影响。对和女性有关的话题展开理论研究和文学批评,其思想来源是女性对男性霸权展开的数百年的反抗史,特别是19世纪至20世纪中叶的女权运动。

在翻译方面,由于传统翻译理论要求译文忠实于原文,因此所有的译文都是受到原文压迫的,都是有缺陷的,长期被看作原文的附属品。既然女性和翻译都是受压迫的、残缺的,都是附属品,女性主义和翻译便自然产生了联系。女权运动的目的是反对男性中心主义,为女性挣得平等的社会身份、地位和权力。但二十世纪八十年代西方社会争取妇女权益的大规模运动今天已经罕见,女性主义也因此失去了基础,缺乏促动力,大学成了女性主义得以施展的唯一领域。女性主义学者关注翻译并非真的关注翻译本身,而是将翻译当作女性主义者研究的工具,实现自己的政治主张。因此,女性主义翻译理论并不关心翻译的本体问题。

第二节　可译性之争的元理论分析

一、理解的可能性探究

翻译就是把一种语言符号转换成另一种语言符号的活动。但转换只指向翻译特有的属性，而不涉及翻译的质量。翻译不可能做到真正意义上的"忠实"，不可能做到百分之百的"原汁原味"。[①] 错误的转换也是翻译，而在展开翻译批评时，批评者更关注的是翻译的质量问题。准确地理解原文是正确翻译的前提与基础。在翻译实践中，理解是译者阅读原文并基于自身知识库在大脑中的加工和解析过程。由于不同译者的语言水平、知识储备、理解能力以及对原作产生的共鸣不同，所以理解会有所差异。但从元理论研究的角度更关注的是理解的程度、理解的条件、理解的方式等问题，亦即理解何以可能的问题。

（一）阐释学视域下理解的可能性研究

谈到翻译中的理解问题，也许不少翻译学者首先会想到阐释学派代表翻译理论家斯坦纳（George Steiner）的那句名言——"理解如同翻译"。"理解如同翻译"是斯坦纳的著作《通天塔之后——语言与翻译面面观》第一章的标题。斯坦纳把翻译解释为所有的理解及理解的外化表现。斯坦纳之所以有此主张，是因为他认为无论是在一种语言的内部还是不同语言之间，人类交流都等同于翻译。对翻译的研究就是对语言的研究。斯坦纳之所以做出上述论断是因为任何一种交际模式同时都是一种翻译，一种垂直或水平的意义转换。他以一种语言中的个人用语为例，说明没有两个人会用完全一样的词汇和句法，因此从信息发送者到信息接收者这一模式所代表的符号和语义的处理过程，在本质上讲与翻译理论中使用的从源语到接收语的模式相同。

虽然斯坦纳认为研究翻译就是研究语言，但他的语言研究和翻译步骤与奈达等语言学派翻译家有很大区别。在语言分析中，典型的语言学方法是把重心放在语言的表达手段上，把语言当作工具，认为语言的实质可以通过把观察到的言语行为和科学模式联系到一起加以描写。斯坦纳并没有采用这种方法，而

[①] 张智中."优势竞赛论"本质透析 [J]. 外语教学，2004（6）.

是采用解释学辩证法,把分析的矛头对准语言的相互作用,分析的中心点不是可以观察到的语言行为,而是对语言交流发生的语言认识意义和感情意义的理解。

解释学(又称阐释学)要求解释者根据历史、经验探寻理解所需要的条件。阐释学者之所以偏爱讨论翻译,是因为翻译(通常受到阻碍和困难)说明了人的解释学境遇,道出了人类理解世界和社会交往的全部秘密。它是翻译者(解释者)依据传统、成见、效果历史对"文本"(世界是一个"大文本")进行理解的过程,是翻译者将自己的意义期待加诸其中并不断根据反馈修改自己理解的过程,也是翻译者不断迫使"文本"说出关于它自身的翻译批评。换言之,阐释学者是借用翻译活动来说明理解的条件。反过来,既然交际、理解是可能的,那么翻译也是可能的。所以,阐释学家对翻译的关注重点不是具体的翻译目的、翻译标准、翻译原则、语言转换过程和译本质量评析,而是意义的产生机制和理解条件。

由于人类共通的感情和对事物及世界的认知、文本,尤其是跨语言文本所反映的内容总体上是可以理解的,而其中的差异就是阐释者(译者)对传统、权威、成见、效果、历史意义、视域融合等方面的认识。在阐释学的视域下,文本总体上是可以理解的,但理解原文的视野范围不尽相同会导致阐释者(译者)过度理解或不能充分理解原作者的意图。当然,从读者反映批评的观点来讲,读者批评家坚信一部文学作品的阐释是在读者与文本的互动和交易中被创造出来,恰当的文本分析研究必须同时考虑到读者与文本两方面的因素,而不仅仅是孤立的文本。

(二)解构视域下理解的可能性研究

如果说海德格尔立足于人自身的生存结构重新审视哲学的本体论终结了只看重存在者,丝毫不顾及存在真理的传统哲学中的形而上学,德里达(Jacques Derrida)的解构方法则对形而上学做了彻底批判。理解何以可能是两者研究的共同核心问题。德里达是哲学家,但德里达的思想与翻译紧密相关。德里达的理论常被学者拿来当作文本意义不确定性的理论基础,进而解构翻译的忠实论。若德里达真的认为文本的意义是不确定的,便意味着理解是不可能的。而理解是人类一项固有的能力,德里达会去挑战人类活动的一个客观事实吗?

当我们在谈论文本的意义时,无论认为意义是否能被理解,都事实上承认了文本有客观存在的意义。德里达和其他众多哲学家一样,并非专门的翻译研究学者，而是通过语言问题来研究哲学问题。而在英语世界中，美国普林斯顿大学英语系教授凯瑟琳·戴维斯（Kathleen Davis）率先出版了《解构与翻译》一书，并阐释了德里达的解构理论与翻译的关系。中国许多翻译研究的学者也是通过这本书认识和了解相关内容。虽然戴维斯声称其研究主要关注德里达的相关研究，但众所周知，德里达是用法语写作，而翻开这本书的参考文献就会发现，包括德里达在内的所有文献都是英译文献。如果说原文没有确定的意义，那参考文献中的文献和以这些文献为基础的研究就都失去了存在基础，更不用说国内学者依据这些材料做的进一步研究了。意义是在语境中产生的。在当时的语境下，意义是确定的。但时间和空间是不断变化的，也就是说，在意义发生的那一刻，意义语境就开始发生变化，意义因此开始不在场。离那个语境渐行渐远的状态便是延异。延异状态持续的时间越长，意义就难以被重新放回发生时的语境，对于后来的读者而言，意义更加模糊，也难以被确定。因此，延异不是一般意义上的概念或词语；我们不能给它一个具体的意义，因为对于意义来说它是一种可能的状态，它是自身运动和连接方式的效果。如果仍觉这句话含糊，不妨回到"延异"这个词被创造的语境中去进一步理解。德里达将差异一词第三音节上的元音字母 E 改写为 A，差异就成为延异。但在法语中，人们根本听不出差异与延异有何不同。这便改变了过去语音第一性、书写第二性的特征。我们只能在书写中看到延异，而在语音系统中，它的踪迹被隐藏起来。这就是书写，即文字化是以整个性命去冒险，并留下原始踪迹的创造行为。但书写却是无为的，就是说它不控制、不统治、不实施任何权威，也不试图建立一个王国。与之相反，它要颠覆一切王国。

一个简单的事实是一门语言有基本的语言规则和词汇，掌握了基本语言规则和一定词汇量，就能理解用外语写成的文本。德里达的确向大家展示了意义理解的困难性和歧义性，但这种困难和歧义是由脱离了意义发生的语境所引起的，而并非意义本身在表达时便是不确定的。德里达不仅给我们呈现了一堆在延异中变得模糊和不确定的意义，同时还给我们提供了寻回意义的方法。原作是特定语境下的产物，当在文本之内无法确定其意义时，必然就要进入更大的文本，即其所处的语境中去寻找答案。有时是通过作者的生平经历，有时是通过作者的其他文章，有时是通过作者同时代的其他作品，有时是通过作者所在社会的历史文化背景等。反过来，原文本也是这个大文本中的一部分，在这个大文本中与其他文本相互印证。总之，原作者在生成文本时一定有自己的确切意义，而译者的任务就是通过一切办法，尽可能理解作者的意义。每个概念都刻在一个系统之中，而在该系统中，通过差异的系统联系，每个概念都指向其他概念。因此,无论意义多隐晦,只要顺着概念顺藤摸瓜,最终就能确定原文本的意义。

二、表达的可能性探究

对原文有了充分理解之后,便进入实际的翻译阶段,即把原文的思想内容和文体风格用另一种文字表达出来。研究表达和研究理解有不同:关于理解的理论是通用理论,几乎可以解释任何一门语言内或不同语言间的理解问题,包括理解的步骤和理解的可能性;而关于表达的理论则限定在具体的一门语言或固定的两门语言之间。汉英两种语言隶属不同的语族,两种语言差异巨大。在英译汉的过程中要对英文原文的思想内容及文本背后的文化寓意进行充分表达,其需对汉英两种语言充分的对比研究。研究翻译就等于研究比较语言学。

(一) 汉英两种语言的对比研究

在语言对比研究中,译者需要两种语言的语法、句型和修辞。但以上这几点,哪怕针对每一点分别写一本书来研究也不为过。本书的目的是指出英译汉过程中用中文充分表达英语原文内容的可能性,而不是全面梳理汉英两种语言的语法结构、句型和修辞种类。因此,本节将分别从语法、句型和修辞三个方面来探讨表达的可能性。

在语法方面,西方语法主要分为音韵学(phonology)、形态学(morphology)和造句法(syntax)。音韵学后来逐步发展成独立的学科。形态学是指词语的曲折变化,如英语中的第三人称单数、单复数、动词变形等。造句法指词语任务和句子结构。对汉语语法而言,音韵学也是独立的学科,而汉语没有曲折作用,于是形态的部分也可以取消。由此看来,中国语法研究的是造句部分。而把源语文本中的意义用中文句子重写出来,从本质上说就是造句。

汉语和英语分属汉藏语系和印欧语系;汉语是象形文字,英语是字母文字;受过普通教育的中国人至今仍能读懂古代汉语,而受过普通教育的英语国家的人无法独立阅读中古英语。总之,汉英两种语言有巨大差异。这种差异在两个方面体现得最为明显:第一,英语重形连,而汉语重意连;第二,英语多是长句,而中文习惯短句。

简而言之,汉英两种语言在语法结构上的差异并不影响内容表达。译者只需要尊重目标语语言结构的特点,用符合目标语语法结构的语言来表达源语意义。另外,中英文之间能够相互表达的更重要原因是两种语言在各自的历史和社会中都经过了时间的积淀和锤炼，语言发展成熟。凡想表达的都能表达出来，且表达方式多样。

若说语法是对一门语言进行大量实例描写而总结出的结构方式，句型就是对这套结构方式的具体运用。英语学习者若想要恰当地说英语和写英语，不仅要能正确地运用语法，还要了解语言习惯，用不会让听众或读者感到不顺畅的语言，不使用生造的语言，或在该使用非正式语的场合使用正式语。简单说，句型就是如何把正确排列词语。英汉都是成熟的语言，因此我们应该相信这两门语言能用自己的方式表达语言使用者的思想内容和情感态度。在这一前提下，我们的问题便不再是汉英两种语言是否有充足、对应的句型来表达原文本的思想内容，而是如何才能做到有效表达。译者是否有充足的句型来表达相关内容，实际上考验的是译者对目标语的语言积累和运用能力。

提起修辞，我们也许会想到拟人、排比、夸张、反讽等表达技巧。而修辞是为了有效表达意旨、交流思想而适应现实语境，利用民族语言各因素以美化语言。换言之，所有让语言准确生动、感染力强的表达技巧都叫修辞。拟人、排比、夸张、反讽等表达技巧，准确讲叫修辞格（或叫修辞手段），是修辞的一部分。因此，我们有必要从狭义（修辞格）和广义（各种美化语言的技巧）两个层面来谈修辞在翻译过程中的可表达性。原文的修辞格在译文中是否可以表达就要看在目标语中是否有与源语相似的修辞手段。一般情况下，汉英两种语言可以相互充分表达。

（二）语言背后文化的可翻译性研究

20世纪后半叶，随着翻译的文化转向，翻译研究考察的重点由语言转换转向文化翻译，由此出现了文化翻译的概念。原本语言和文化并不分家，语言是文化的一种载体，文化是语言的价值表现，但文化翻译这一提法造成了语言和文化之间的对立。

"文化翻译"（cultural translation）这个概念中西翻译学界皆有。在西方，文化翻译是一个非正式术语，指作为跨文化研究和人类学研究工具的翻译类型，或确指对文化或语言因素敏感的任何翻译。它的非正式术语地位证明了它并非一种独立的翻译类型或翻译现象，而是从属于各种翻译类型的要素之一。但把这一解释作为文化翻译的定义，显然无法让读者满意。

有学者对翻译中文化的三个层面进行研究并得出结论，一是文化因素在翻译中的意义与价值；二是基于文本的文化理解与文化转换的方式；三是译本在目标语社会中的文化接受和文化理解。其中，文化对翻译的价值与意义是不言而喻的。对译者而言，最重要的显然是第二个层次。至于第三个层次，译本在目标语社会中的影响问题本质上属于文学翻译研究范畴，归属于文学研究。由此可见，对于翻译研究而言核心在第二个层次。同时，这几方面的内容还说明语言和文化不分家。语言是文化的载体，我们不能抛开语言转换来研究文化翻译。

在明白文化翻译的内涵、存在的方式以及形成的原因之后，最后来讨论翻译中文化因素的可表达性问题。当文本本身的语义直指文化时，正常的语言转换过程中所蕴含的文化信息也就转移到译本中。但当原文运用了源语独特的语言特征来表现意义，或原文中的部分语句含有弦外之音，抑或某些内容来自源语社会文化典故的借用能让源语读者产生文化联想，这时单靠字面的翻译便无法传达原文的意义，还需要译者另想办法来表达。

早有学者基于翻译实践中事实上存在的情况总结出增量翻译或深度翻译这一概念，即以脚注和附属注释把文本置于丰富的文化和语言语境中。曹明伦进一步把深度翻译分为显性深度翻译和隐性深度翻译。显性深度翻译就是阿皮尔（A. K. Appiah）所说的加脚注或附属注释的方法。隐性深度翻译可以避免过多注释，从而保持译文通畅，既有助于读者的理解，又可保留原文本身的含义。[1] 这说明翻译实践中文化的翻译问题一直存在，翻译学者也对这一问题有了解决之法。

由此看来，翻译中所有的文化因素都是可以表达的，只不过这些处理不仅仅限于表层的语言转换，译者还能根据实际情况和目标语文化采取深度翻译、文化置换、文化移植和文化借用等多种方式。虽然有些方式在原文中并无其词，但是可以使用与原文不同、含义相同的词句，或是能让目标语读者更容易理解。

三、诗是否可译

翻译是可能的这一结论对大多数形式的文本都适用，但诗却要另当别论。众所周知，译事难，而译诗更难。诗歌翻译之难是中外学者所公认的。[2] 从语言上讲，诗歌是把一种语言的形式特点和音韵节奏发挥到极致的形式；从内容上讲，诗歌往往运用了大量的隐喻或象征手法，而所有的隐喻和象征根植于一

---

[1] 曹明伦. 当令易晓，勿失厥义：谈隐性深度翻译的实用性 [J]. 中国翻译，2014（3）.
[2] 李丽. 译可译，非常译：谈中诗英译"发挥译文优势" [J]. 山西农业大学学报（社会科学版），2013（12）.

方文化和传统；诗歌并非像其他题材那样清晰明了传达具体的思想内容。诗歌是对一门语言的声音、形式和文字最精妙的使用，深深根植于一门语言及其文化之中。所以，诗难译是个不争的事实。

持不可译论者也许是因为诗歌是特定语言之形式与内容的高度统一。诗有韵、律、体裁、意象、情感等等，没有诗人的敏感就体会不到，还要把体会到的这些优美之点用另外一种不同的文字表达出来，简直是不可能的事情。显然，若以将诗歌的声音、形式、文字皆复制于译文之中为翻译标准（此处指汉英互译），诗歌翻译几乎是不可能的。我们从诗歌翻译家那里看到，他们在不可能之中力图找寻可译的东西。

翻译诗并不是一种刻板的工作，并不能指定某一个人去翻译某一首诗。并非译者在选诗歌，而是诗歌在选译者。由于诗歌在语言上的技巧性和思想内容上的深邃性之高，其对译者的要求也比其他文本类型更高。不同人对同一首诗歌，哪怕同一人在不同时期对同一首诗歌的体会都不一样。所以译者译诗的基本能力和翻译状态都十分重要。翻译的状态具有偶然性，我们无法预测。但至少译者要懂两国语言的诗，会写目标语语言的诗，即能以诗译诗。

综上所述，持诗歌的不可译性观点和可译性观点的两派对诗歌应该翻译什么有不同的标准。持不可译论者的标准是译文要在形式、节奏、声音、文字上完全复制原文。但汉英两种语言绝对的差异导致了诗歌的不可译。而持可译论者关注的重点有二：一是从美学角度注重语言技法所体现出的语言美感；二是从影响角度注重诗中所蕴含的思想内容以及与读者在意义上的互构。他们用贴近原文但符合译入语语言特色的译文作为载体，迁移原文的思想内容，这样便达到了形式和内容的协调统一，从而有理由坚持诗歌的可译性。无论是过去还是未来，两派的观点都难以相互调节和认同，但至少应该保持相互理解。

第三节　直译与意译之争的元理论分析

一、直译的元理论研究

历史上不同时期、不同理论都提倡过直译的方法，但这一主张背后的历史根源和理论依据却不尽相同。以西方历史时期的划分为基础，将直译的历史大体划分为三个时期：一是中古时期；二是文艺复兴与近代时期；三是现当代时期。虽说这里划分了时期，但一些相同或相似的元理论直译主张在不同历史时期中往往反复出现。中国译者在直译方面的主张则对应上述西方历史时期的划分，与西方的直译主张形成对比。

(一) 中古翻译史上的直译

翻译作为一项人类活动，其实践一定早于理论。我们先不谈理论上的直译与意译之争，而把目光投向实际的翻译活动。在西方，有学者指出公元前3世纪，涅维乌斯（Gnaeus Naevius）和安德罗尼柯（Livius Andronicus）的翻译是现今留存的最早译本，这些译本采取的是直译方式。直到公元前1世纪中叶西塞罗（Cicero）为了培训演说家而提出翻译理论之前，翻译理所应当地被认为都应该是直译。

早在公元前约3000年，在与后世欧洲文化有着千丝万缕联系的东方古国亚述帝国就出现了正式的文字翻译。在西塞罗之前，翻译理所应当地被认为应该直译，即是说，在西塞罗之前长达3000年的历史中，直译一直占据着统治地位，且无可争议。这比从西塞罗到今天持续了2000多年的直译与意译之争的历史还要长出许多。

比如，《七十子希腊本》和"和合本"《圣经》有两个共同的特点：第一，译者都来自源语国（地区/民族）而非目标语国（地区/民族）。虽然他们都通晓目标语，但二语习得者的语言受自己母语的影响，难以达到真正母语者的水平。

第二，译者把原文的每句话都看作上帝的真言，因而要求绝对准确。这种准确不仅是意义上的，而且是语言形式和选词上的。当一个文本本身就是真理或教义，它无须进行意义转换就在所有字面上被认为是"真实的语言"，那它就无条件地具备了可译性，直译与意译融为一体。

直译与意译融为一体是指没有直译与意译之分。隔行翻译的本质就是译词，甚至不管译文的意义是否连贯，句子是否合乎语法。这种翻译不是为了给读者提供一份独立的译本，它在本质上是词汇注解，通过词汇注解辅助读者直接阅读原文。这比我们经常说的直译更加直白。若读者能接触原文，意义便自然不会有半点参差走样。其实中国最早的佛经翻译也同样具有这两个特点。

综上所述，在公元前的古代翻译史上，语言之间的融通交流根基尚浅，有一段需要编纂翻译手册来支撑翻译活动的原始翻译阶段。两种语言最初的接触与翻译就是在词汇上建立对应关系。因此，语言运用能力和语言本身差异所带来的质直问题被准确性压倒，直译方法是译者在语言和内容上取舍和妥协的产物。这一时期的直译主张是由当时的翻译条件、翻译内容和译者自身背景等因素所决定的，是从翻译实践中得出的主张。

（二）文艺复兴与近代翻译史上的直译

这一阶段无论中西，古代翻译理论都处在实践的反映阶段，还没有形成真正的理论体系。到了文艺复兴时期，新兴资产阶级通过复兴希腊、罗马时代繁荣的文艺展开了反封建的文化运动，而翻译是复兴希腊、罗马时代文艺的重要手段之一。文艺复兴传播了人文主义思潮，对个人感受和世俗乐趣的追求导致翻译重点从原文准确性转向译文读者的感受，于是意译在此期间占据了主导地位。从原文的准确性转向译文读者的感受，实际上就是把关注重点从原文语言转向译文语言。翻译学者从此时开始把语言对比作为研究的核心问题，这是翻译研究史上关键的一步。翻译研究是语言对比的本质在此刻被确立。

文艺复兴时期反对中世纪对人的禁锢和压迫，人文主义思想空前发达。虽然文艺复兴恢复的是希腊、罗马时代的文艺和文化，但新兴资产阶级打破了教会的精神统治，更重视世俗文化和人本身的需求和体验。具体到翻译而言，译者在语言上自然不愿受传统的制约。因此，彼时的直译没有多少生存空间。但随着文艺复兴在欧洲的全面胜利，中世纪教会精神专制的垮台以及社会风气的自由开化，社会和文艺界的主要矛盾开始发生变化。

若说17世纪学者的直译主张大多出于个人思考与观点，18世纪的学者则真正开始向理论深入。英国诗人、讽刺作家、翻译家蒲柏（Alexander Pope）对待直译已经有了求实的态度和冷静思考。他不回避直译可能产生的问题，但也旗帜鲜明地反对意译，并阐明了原因。蒲柏的论述建立在"对等"的基础上，"对等"在后来的翻译研究中才成为学者广泛使用的核心术语，但"对等"为蒲柏提供了强有力的理论基础。同时，这也说明对等的概念不是某些或某派学者生造出来的，而是译者从长期的翻译活动中自然而然体会和提炼出来的。

到了19世纪，德国语言哲学家施莱尔马赫（Schleiermacher）和洪堡（Humboldt）等学者则将语言问题上升到了哲学高度。他们提出了语言决定思想和文化的观点，从跨文化的视角来研究阐释的可能性问题。既然语言决定思想和文化，站在跨文化的视角来讲，便理所应当地出现了施莱尔马赫提出的两种翻译方式，要么译者让作者不动，尽可能让读者向作者靠拢；要么译者让读者不动，尽可能让作者向读者靠拢。这是直译与意译的又一种表述和体现方式。虽然施莱尔马赫和洪堡提出了一套直译与意译之争的新理论框架，对他人和后世影响巨大，但由于他们讨论的是语言理论问题而非翻译实践问题，所以他们都未提出自己是偏向直译还是意译。但在他们或直接或间接的影响下，一批德国翻译家和学者却旗帜鲜明地提出了推崇直译的观点。这一时期的直译理论不是一般实践意义的直译理论，它有着深刻的哲学基础。

反观中国，我国古代自佛经翻译高潮过去以后，直至明末清初，即 17 世纪初至 18 世纪中叶的万历到乾隆时才形成第二个翻译高潮。在两个高潮之间的 600 年间，没有较大规模的文字翻译活动，翻译理论也基本一片空白。在此期间，除了西方传教士翻译《圣经》等典籍而强调紧扣原文，暗含直译主张外，从徐光启、李之藻等人到林则徐、马建忠、康有为、梁启超等人，他们的翻译理论大多涉及翻译功用，很少涉及翻译活动本身，更鲜见对翻译方法的讨论。

综上所述，这一时期主张直译之法的学者反对翻译中为迎合目标语读者而随意删改和创作的意译方法，其寻求忠实准确的译本。从 14 世纪至 19 世纪的 500 年间，一代代学者对直译方法的研究从"古今之争"到"靠近读者抑或靠近作者"一步步深入，从关注语言到寻求对等，再到关注语言与思维的关系和跨文化问题，并依据直译的结果提出了"纯语言""第三语言"等概念。这些研究对后来的翻译研究影响深远，构成了现当代翻译研究的重要基础与核心研究要素。

（三）现当代翻译史上的直译

现当代即指从 20 世纪至今约 120 年的历史。在时间上，西方主要以第二次世界大战的结束（1945 年）为节点来划分现代与当代，而中国主要以中华人民共和国成立时间（1949 年）来划分，但两者相距不远，差异可以忽略。在近代翻译研究中，中西研究背景差异巨大。中国的翻译研究在语体巨变的大背景下展开，而西方在这段时间内虽有大量译作，却没有多少新的重要理论。直到当代，西方翻译研究围绕着语言学转向和文化转向两大研究范式展开，而中国则逐步主动融入西方翻译研究之中。

现代西方的翻译理论对直译和意译问题的讨论并不多见，相较于传统的研究，此时的翻译理论也无重大突破。但在这一时期，忠实问题成了越来越多学者研究过程中的核心问题，他们在忠实的程度、忠实的维度、忠实的方法等方面提出了一系列主张。而忠实正是传统议论中直译倡导者关注的核心问题。读者在直接阅读原文时可产生多种理解，而译本本身只是其中的一种理解。原文的意义越丰富，本雅明便认为其越理想，越具有"可译性"（即有翻译的价值）。①

而在中国的现代翻译史上，出现了一场"信"（直译）与"顺"（意译）的争论。此时的直译之法以文学革新和语言革命为背景，以忠实为准则。然而，翻译目的不同导致不同学者的直译概念、具体操作方式和所达到的效果都有所不同。但无论出于何种目的以何种方式产生何种效果，这一时期的直译之法都是学者对建构新文学和新语体的尝试，对中国现代文学和现代汉语的发展具有深远影响。进入当代，中国的翻译研究逐步主动融入了西方翻译研究之中，研究的脚步虽然越跟越紧，可惜的是未有超越之象。因此，当代翻译研究中的直译问题需要从西方翻译理论中梳理。

二、意译的元理论研究

（一）中古翻译史上的意译

在讨论直译的起源时提到，无论中西直译都是从建立两种语言最原始的字词对应关系开始，在翻译实践中自然形成的。直译指的是在保持原文的内容的基础上兼顾原文的形式，更加倾向于源语文化；意译指的是只保持原文内容，不需要保持形式，更倾向于自由翻译，能够减少异域文化的渗透，更能迎合译入语的文化口味。② 其是在反对直译的基础上产生的。西塞罗被公认为是西方翻译史上的第一位翻译理论家。他认为译文风格与原文风格对等比内容上的对等更加重要。换言之，若为了风格上的需要，在目标语文化和语言系统中完全可以找其他能表现相应风格的内容来替换。因此，西塞罗开了意译之法的先河。他的意译关注风格对等，但同时留下了翻译不准确的隐患。

与西塞罗同时代的贺拉斯（Quintus Horatius Flaccus）和昆体良（Marcus Fabius Quintilianus）也赞同意译的方式。昆体良甚至认为，所谓的翻译并非仅仅指译意义，还指在表达同一意义时与原文的搏斗、竞争。若译文的感染力能超过原文，自然对学生更加有帮助。所以，"竞争说"是从这个角度提出来的。昆体良之后，直到中世纪末期，宗教翻译统治整个欧洲，由于宗教翻译讲究绝对准确，意译基本没有市场。同时，受客观实用原则的影响，直到13世纪左右，虽实践不断但缺乏理论研究。中世纪末民族语言的兴起，使得翻译理

---

① 吴术驰. 翻译批评的元理论研究 [M]. 成都：四川大学出版社，2018：121.
② 单英. 从多元系统理论看"直译"与"意译"之争 [J]. 商，2015（9）.

论的研究，特别是意译讨论又一次热烈起来。

中世纪末意大利翻译理论家布鲁尼（Leonardo Bruni）在《论正确的翻译方法》中指出：译者应该被原文的风格所感染。译者只有融入原文的词序和句式结构中，以贴切的话语和忠实的风格来翻译，才能更加有效地保留意义。

显然，布鲁尼的主张延续了西塞罗、贺拉斯、昆体良等先辈重视风格的特点。布鲁尼倡导意译，目的是译出原文的风格特点。但这一主张和上千年前的西塞罗等人一样，仍然停留在理解和感悟上，而没有形成理论；也没有像直译那样，以从苏格拉底、亚里士多德传下来的修辞理论和再现古拉丁语时代高雅的修辞为目的的翻译理论为基础。因此，在修辞之风仍盛的中世纪末期，意译与直译虽然形成争论之势，但并不占优势。

在中国，意译的主张同样也是在反对直译的基础上建立起来的。后来的佛经翻译家道安、彦琮等人也多赞成直译，而没有人再像支谦那样鲜明地表现自己意译的观点。因此意译在中国古代佛经翻译阶段，无论是理论还是实践都处于弱势。宗教文本的翻译天生就讲究意义准确，甚至准确到词序，而当时的译者要么是外来的传教法僧，汉语不精，要么是本土僧人，不善梵语，少有人能在准确的基础上同时做到文辞优雅。在这种背景下，翻译界更重视经文的准确无误，因此文派观点难以发展是顺理成章的。

（二）文艺复兴与近代翻译史上的意译

当文艺复兴运动在整个欧洲扩展开来，人性得到极大解放时，伴随而来的是自我意识的觉醒。自我意识反映到民族上便是民族意识的觉醒。而语言是民族意识最重要的表现形式之一。比如在德国，民族的自我意识进一步得到加强，15世纪模仿拉丁语的风气逐渐消失，语言学家们认识到德语的独特风格和表达能力，把翻译的重点从偏重原文语言转移到重视译文语言，意译法取代了逐词对译法并占据主导地位。

在17世纪法国的"古今之争"中，最著名的意译派代表人物是阿布朗古尔。阿布朗古尔曾于1637年出版过古罗马学者费利克斯（Minutius Felix）的译作，后在1662年出版的古希腊史学家修西得底斯（Thucydides）译作序言中，他又详述了为切合主题在翻译中做了哪些调整及其原因。比如针对原作中重复、无用、不需要又不重要的内容，要么把这些内容一笔带过，要么忽略不译。而做出这些调整的依据便是当时法国文学标准下的文学性和可读性。虽然翻译界有人对他的翻译提出了严苛批评，说他的翻译美而不忠，但阿布朗古尔的译本却得到了大众读者以及巴尔扎克等文学家的肯定。普通读者关心文本的可读性，而文学家关注译本表现出的力量和美学价值。

阿布朗古尔从事古典作品翻译工作，证明了他崇古的态度。但他翻译古典作品的方式又说明古典作品也是有缺陷的，需要今人加以改进。从他的论述和解释中我们虽然还看不出多少理论根基，但他的观点却应和了当时古典主义思潮的特点，即一方面，古典主义崇拜古典文化，主张追随古人；另一方面，古典主义又怀疑古典文化的权威地位，力图摆脱古人的影子。

而在近代英国，翻译家和翻译理论家大多以文艺复兴时期英国的代表人物查普曼的折中翻译方法为基础来讨论翻译。包括像德莱顿和泰特勒这样对后世翻译研究有突出贡献的翻译理论家，在翻译方法上既考虑原文，又考虑译语习惯。但也有部分诗歌翻译家提出要在译本中加入新的东西。

至于中国，佛经翻译高潮至宋代结束后，直到明朝万历至清朝乾隆时期（17世纪至18世纪中叶）才形成第二次翻译高潮。这次的翻译高潮以科技翻译为主。但这一时期的翻译理论主要讨论翻译目的和功用，主要体现当时翻译家裨益民用的主张，对翻译方法的讨论并不多。同时，纪实和宗教作品的译者都讲究忠实，科技类翻译便应归为纪实类作品。因此，一些翻译家偶尔提及的翻译方法也以直译为主。

晚清民初时期，由于西方列强的侵入，在师夷长技以制夷的思想指导下，翻译活动非常活跃。除西方政治、思想、科技类书籍翻译外，小说翻译也逐渐兴起。严复和林纾是这个时代最著名的两位翻译家，前者以翻译社会科学作品及翻译理论闻名，后者以翻译小说见长。严复和林纾都擅古文，也都以古文翻译。仅凭这一点来看，他们的主要翻译方法便是意译。严复提出了"信、达、雅"的翻译原则，这一原则在相当长的时间内被译者和批评者奉为金科玉律。中国文言与西方任何时期的语言都相去甚远，要用文言译之，还要有先秦诸子百家的文风，这需要对原文的语言和内容进行一定程度的调整。在那个时代，一个"雅"字充分表明了严复意译的主张。而林纾之功全在翻译实践，他被称为近代西方翻译小说第一人，译作深受读者喜爱。其实林纾并不通外语，所有译作都是由他人口译，然后由林纾润笔。众所周知，林纾译文的讹误甚多，这里面不仅有口译者犯下的错误，也有林纾依据自己的文学素养和审美情趣而刻意做出的增删修改。但林纾的翻译胜在他的文笔极佳。其翻译产生的读者反映迫使学者重新评价译文优劣的标准，为意译的合理性提供了案例。

（三）现当代翻译史上的意译

从古代到近代的意译或多或少都有删改现象。进入20世纪，西方翻译前后经历了语言学转向和文化转向两大研究范式转变。在语言学转向中,以语言学为背景的翻译学者基本围绕着"对等"展开研究,因此,忠实、准确是不容讨论的基本标准。语言学派从语言结构、语意分析、语用效果等多方面对翻译展开了研究。语言学派的忠实不在语言形式和语言结构上,而在语言意义与功能上。

文化转向后的翻译研究从事的主要是文学译本研究,而很少涉及翻译过程。但从相关研究所描述的对象来看,仍然可以把某些现象归为意译的结果。比如,在当代文学和语言研究中,文本概念被放大和泛化,文本转换的概念也不再限于语言和语言之间。

另外,德国的功能学派在翻译研究上独树一帜。他们从目的论出发,强调译者目的、赞助人对翻译活动的影响。为满足译者的个人目的和赞助人的要求,实现既定的译本功能,对原文采取直译或意译皆有可能。在目的论中,对直译或意译之法并无倚重,全凭翻译的目的。但从功能学派的缘起来说,它源于赖斯(Reiss)在翻译批评语境下提出的理论。赖斯通过对译本的分析和描述,发现译本中的"例外",并针对这些例外提出目的论。所谓的例外,是指与原文不对应的现象。直译通常会导致译文语言晦涩、不堪卒读。若我们用传统的术语把这种偏离原文的"例外"归为意译的话,那么目的论就是在意译的文本中提炼并产生。

而在中国,现代最著名的论争是关于"顺"与"信"的问题。"信"和"顺"是那个时代"直译"与"意译"的代名词。五四文学时期,经过胡适、鲁迅、周作人的提倡和茅盾等新文学家的响应及反复阐述,确立了用白话翻译和直译翻译原则的权威地位,从而扭转了以严复、林纾为代表的用文言翻译和取便发挥、任情删易的近代翻译文体和文风。传统的术语中只有直译和意译两种公认的翻译方法。硬译属于直译中程度较深的一种,梁实秋极力反对这一种方法。因此也可以说梁实秋赞同意译。但他又反对历史上不忠实于原文的那种意译(即他所说的曲译)。因此,梁实秋追求的实际上是内容上的忠实和表达上的顺畅。

综上所述,对直译和意译之争看似不是一个时髦的话题,但从元理论这一全新的角度来看二者之争将有助于我们更加深入探讨和研究翻译。直译能最大可能地表现源语言国家文化的渗透力;而意译能够最大可能地表现译入语国家文化在本国的地位。而一名成功的译者会将二者巧妙结合,使译文兼具两国文化的统一,形式与内容共存。

第七章 20世纪中国翻译批评话语研究

自1919年五四运动开始,20世纪的中国几乎每隔30年便兴起一轮翻译活动的高潮,留下有关翻译的种种描述、分析、研究和评价,累积形成了有关翻译的产品、行为者、事件和范畴的庞大的话语沉积层。本章将从翻译是强国第一义、翻译批评与现代白话规范、批评话语与翻译"红色经典"和译介学与翻译批评四阶段来分析研究翻译批评话语。

第一节 翻译为强国第一义

19世纪末到20世纪初,中国社会的文化自恋走向深入的文化自省,"夷夏之辨"观念开始全面解体,翻译成为近代中国向现代转型的首选途径。这一时期翻译的广度、深度和社会效都超过前两个阶段。归纳起来,晚清文化自恋反转期的翻译实践具有以下特点。

一、目标明确,关注时局

1895年,康有为等人反对签署《马关条约》,提出"迁都练兵,变通新法"等救国之策,史称"公车上书",资产阶级改良派登上中国历史舞台。[1]维新变法是一次资产阶级思想启蒙运动,以梁启超为代表的文化精英将译介西学当作思想启蒙和政治改良的重要手段。梁启超提出翻译界应采用外国名儒之撰述,而有关于今日中国时局的书籍按顺序翻译。除梁启超的《论译书》外,马建忠的《拟设翻译书院议》、高凤谦的《翻译泰西有用书籍议》、孙学修的

---

[1] 苏艳.从文化自恋到文化自省 晚清中国翻译界的心路历程[M].武汉:华中师范大学出版社,2018:29.

《译书篇》都强调译书的必要性和迫切性，启蒙救亡成为时代关键词和翻译救国的思想纲领。

相比于洋务运动时期对军事、科技、自然科学的大量翻译，维新派为传播其政治主张，翻译了大批西方和日本的社会科学类作品，关注时局成为贯穿各类译作的线索。出于对时局的关注，此期历史著作翻译尤其重视介绍各国近现代历史，因为相较于上古史和中古史，近代史可为中国的社会变革提供更多历史依据和经验借鉴。

由于忧时之士救亡图存的呐喊声不绝于耳，这一时期大量报纸编译时事新闻，如《清议报》设有"时论译录"，《时务报》《农学报》《译书公会报》《实学报》《求是报》等都设有西方各国和日本报纸选译的栏目。此期也出版了一些时论译作，如《现今世界大势论》（梁启超译著）。在选定待译文本时优先选择有关时局的原作，以引发读者共鸣。

二、载体更新，报刊新闻编译盛行

启蒙需要在普通民众中宣传普及思想的工具，社会思潮的传递从精英延伸到大众后，传播媒介也由书籍转向传播成本低、速度快、范围广的报刊。随着出版技术的发展以及资本主义经营方式的引进，这一时期的报刊出版在原有传教士和官办书局的基础上注入了民间资本，一批民营出版机构将启蒙救亡的社会使命与市场竞争的商业理念结合，兼顾译作的社会效益和经济效益，成为甲午之后出版赞助的主体。商务印书馆不仅出版了严复八大译著，而且组织翻译出版了《战史丛书》《财政丛书》《政学丛书》《万国战史》《帝国丛书》等系列丛书，成为翻译出版界的翘楚。许多译作主要通过报刊连载发表，或者先在报刊上连载再出单行译本。

报纸被赋予表达民意、监督政府之职能，而当时报纸编译的新闻更具有广见闻、开官智和民智的作用。外国报刊登载的新闻或按国别编译，或按题材分类，介绍欧美或者邻国的军事、经济、政治、外交、科技等信息。《中外纪闻》《知新报》《求是报》《东亚报》《中外大事报》等报刊有专栏翻译路透社的新闻。这些编译的新闻为文人学者谋求救国之道、朝廷大员制订军事和外交策略提供了多方位的信息支持，译文借助报纸的传播让民众知道了列强的科技进展和军事外交动向，有助于在全国范围内营造紧迫感和危机意识。

改良派在各地建学会、设学堂、办报刊，宣传变法思想与立宪主张。革命派也借助于报纸传播西方自由、平等、民权、共和等观念。此外，随着大批留日学生纷纷参与资产阶级革命理论宣传活动，一批出版机构如湖南译编社、译书汇编社、湖北法政编辑所在日本相继成立。这些会刊自筹经费、关注时事，鼓吹地方自治，不仅刊登图文反映各省省情、民情，而且以"输入文明，增益民智"为宗旨大量翻译有关世界时政、军事、科技、历史、实业、教育、哲学等文章或著作，和维新派所办刊物一起成为出版译作传播新知的重要阵地。

三、题材转向，以社会科学为主

自十九世纪中叶以来，翻译一事成为中国政府走向现代化的特殊措施，因此翻译的题材和原著的来源，常常反映出近代中国思想界的大势以及政府政策的方向。至于各时期译书的性质和数量，也可看出译书的动机和知识界兴趣的一般趋势。反思洋务运动和甲午战争失败之因，维新派认为西方富强之本不在西艺，即器物与技术，而在西学、西法，即思想与制度，中国的出路在于翻译西方社会政治学说，不仅要师"夷技"更要师"夷制"，即学习其各种经济、政治与军事制度。中国的西学东渐与近代化由器物技术层面上升到了思想制度层面。

社会制度的变革往往是伤筋动骨的，不仅涉及社会组织结构的变化，还有更深层的思想观念、语言文字、风俗习惯等变革。所以晚清社会的更大变动是从1894年之后开始的，甲午之战后中国社会进入了新旧、中西文化猛烈对撞的历史时期，这时不仅存在国内外的军事冲突，还交织着范围更广阔的政治思想文化领域内的冲突。从1900年到1911年，中国通过日、英、法三种文字共译各类西书至少1599种，占晚清译书总数的69.8%，超过此前中国译书总数的两倍，1902年至1904年共译社会科学书籍327种，占总数的61%，远超同期所译自然科学与应用科学类书籍。在甲午战争之后中国翻译出版界译本涉及的主要题材门类及其目的中，章程、历史、法政、教材、年鉴类书的翻译对甲午战争之后思想制度的变革影响尤为重要。

四、文类反转，小说翻译重塑国民性

鸦片战争以来军事与科技一直是翻译的主流题材，文学翻译起步晚、发展慢。同时，政治、经济、法律、军事等西学译著的读者群体仅限于精英阶层，与维新派"自上而下"变法的政治理念相呼应，然而戊戌变法的失败以及明治维新致力于提高普通国民素质而走向强盛的史实表明思想启蒙的对象应为占人口绝大多数的普通国民，因此翻译界掀起了"开民智、新民德、鼓民力"

的国民性重塑思潮,将启蒙新民的途径着眼于小说创作与翻译,晚清文人主办的文学杂志以及民营出版机构成为登载文学译作的主要阵地。

文学要服务于社会政治变革,尤其重视政治小说的社会功用,小说翻译应该担当起启蒙国民、改造社会之要务,历来被视为"小道"的小说一举被推为"文学之最上乘"。晚清翻译界的国民性思潮试图借助异域小说翻译改良中国人心风俗,使国民具备自由、冒险、民主、公德等意识,为政治制度的改良培育合适的土壤,文学革命成为政治变革的必经环节。

小说以塑造鲜活的人物形象为核心,异域小说呈现出不同于目标语文化的场景、人物形象和伦理价值观,这种陌生化的审美体验使读者在想象他者形象的同时也启动了对自我形象的审视和反思,转换了文化心理。例如,为磨炼国民胆力与体力,培养国民尚武冒险之气,晚清翻译了一批军事小说、冒险小说、航海小说和虚无党小说,"军国民""英雄""少年"等概念和形象登上历史舞台,并迅速演变为清末翻译界国民性思潮的典型话语形态。

五、方式更新,多种翻译形态存在

在四处蔓延的集体性焦虑中,翻译史无前例地被赋予了启蒙救亡的社会价值,成为一种融通中西文化、重构文化范式的知识实践,触及士农工商兵每个群体,深入文化、农业、科技、商贸、军事等几乎每个知识领域,激发了译者强烈的主体意识。此期翻译呈现出丰富的形态和样式,体现了特定历史背景下译者独特的文化诉求,除编译外,主要有意译、直译、回译、伪译等,显示了译者明确的介入意识。

(一)意译

晚清翻译以归化和意译为主流,甚至出现大刀阔斧改换原作的"豪杰译"。其有多种方面的原因:传统的华夏文化自恋情结形成了译者以我族文化为中心的集体无意识,归化翻译成为一种本能选择;当译者的职业身份未获得广泛社会认同时,翻译文学地位与原创文学不可同日而语,且翻译与创作的界限模糊,"言之无文行而不远"的创作传统介入翻译,译者注重译文修辞效果,以雅言雕饰译作似乎更有利于译作的传播与接受;在文化过渡时代,考虑到中国读者对异域文化的接受程度,中西文化的会通是"新瓶装旧酒"的必然方式,即以归化的概念、语言、形象、话语方式和叙事模式输入异质文化,以免译作水土不服;清末译者外语能力较低,如以古文翻译西洋小说大家林纾不懂英文而依赖合译者,而一些日文作品汉译者日文水平也并不高。

(二) 直译

晚清翻译虽以译意为风尚,但仍有少数译者呈现出明确的原作意识和直译倾向。随着外语教育的推进,越来越多的译者开始通晓外文,具备了阅读原本的能力,在有了明确的作者和译者意识后开始进行直译。例如,19 世纪末 20 世纪初出现了薛绍徽、陈鸿璧等中国近代首批女译者,开启了对以原文为中心的直译策略的理论和实践探索。相对于特定语境中译者大刀阔斧删改原文的风气,女性译者的直译较完整地保存了原文语篇结构,比较充分地再现了原文信息,建构了当时除意译风尚之外以原文为中心的翻译策略。她们是 20 世纪初叶中国文学翻译活动中直译策略的先行者,见证并推动了从清末至五四翻译策略从以目标语读者为中心到以原文为中心的嬗变。

(三) 回译

一种文化若非翻译异域文化,则只有对自我的认知,缺乏对他者的了解,如果缺少对他者的认知,那么对自身的认识必然不完整、不客观。晚清的中国社会在外力的强力驱使下开始走出文化自恋的心理,回译是文化上的"出口转内销",无本回译是翻译界文化自省的一种手段。不存在原文,而是依据异语创作的文本返回本体的回译,称为无本回译。在华生活过或研究过中国文化的外国人在用异语创作中国文化时,其文本类型大约有游记类、纪传类、学术类和文学类。晚清对中国文化的无本回译题材主要包括对中国历史和地理等的研究著作、他国对中国国民的认识等。晚清翻译界将一批日本人写的中国历史著作和人物传记回译为中文,回译作品都从民智和民命的角度重视中国历史。回译他国对中国国民的认识可以磨炼跨越异质文化的能力,增强直面负面评价的勇气,有助于了解他国对清外交和军事方针的态度,并设计出调适之策。

(四) 伪译

伪译的定义是那些自称为翻译作品或以翻译作品的文本形式出现,其实并不存在相应的原本,不曾发生事实上的语言转换的作品。伪译的用途分别是:其一,伪译本是文化引入新事物的便利途径;其二,已经有名气的作家试图改变自己的风格,但又不想因此影响名声时便以伪译方式推出新作;其三,利用文化在目的语文化中所具有的优势地位,将自己的作品伪装成该优势文化的作品译本,从而操控读者的接受心理;其四,作家为避免自己作品受到审查而采用伪译方式。由于文学翻译被赋予史无前例的政治和社会功能,此期出现了一些伪译作品。

甲午战争后，官绅要员和民间知识分子，无论主张哪种救国方略（科技救国、军事救国、女子救国、商业救国、农业救国、实业救国、教育救国和留学救国），都绕不开通过翻译完成西学东渐，输入异域文化因子增强自身血液活力。翻译这种跨文化行为承担起了富国强兵、启蒙新民的历史重任，译者战斗在东西方文化交流的最前线，摆脱了原初有卖国之嫌的尴尬角色，逐渐获得社会认同，成为开启官智和民智的先行者和引路人。

第二节　翻译批评与现代白话规范

一、现代白话规范的源流

学界似乎都承认，现代白话规范有如下几个源流：（1）中国传统的章回白话小说；（2）清末传教士的翻译，特别是宗教翻译；（3）晚清开明士大夫从"启蒙""救亡"出发，倡导"言文一致"和语言通俗化。

近年来，清末传教士的翻译对现代白话的影响日益受到学界关注。袁进认为传教士白话文译著对现代白话文发展中功不可没，传教士的翻译语言甚至要比五四时期的作家所写的现代汉语白话文更加像我们正在创作的白话文。它们出自西方传教士或者是西方传教士与中国合作者之手，绝大部分是翻译作品，它们无论在语言还是形式上都不同于中国古代的文言白话作品。[①]

晚清的白话应用始于传教士翻译的西方书籍和创办的华文报刊；1890年以后中国开明士大夫从"启蒙""救亡"出发倡导"言文一致"和语言通俗化。"庚子事变"之后中国涌现出一大批白话报纸，白话逐渐成为潮流。梁启超、夏尊佑、狄葆贤、伍光建等力倡的白话小说创作和白话文学翻译，对五四白话运动中的新一代译家与学者产生了深远影响。然而，晚清的文学语言规范尚处在动荡变动的过渡时期，文言与白话并行，文言与白话杂糅普遍存在。五四前后的翻译，《新青年》等杂志围绕文言、白话所展开的论争，以及白话文学创作的兴起，最终引发了语言规范的演变与现当代汉语规范的确立，使白话成为抒情表意的正宗。

---

① 袁进. 中国文学的近代变革 [M]. 桂林：广西师范大学出版社，2006：5.

二、白话规范的话语建构

五四文学革命时期,新文学家和翻译家不再把白话文仅仅视为宣传的工具,而是视为整个新文学——国语文学创造的有机组成部分,至此,语言符号系统才发生了根本性的转变。胡适、陈独秀、鲁迅、周作人、钱玄同、刘半农等人都撰文参与过白话文论战,并用白话文翻译与创作,建构起白话的叙述空间。胡适的《文学改良刍议》,从"一时代有一时代之文学"的文学进化论角度,正式提出废文言而倡白话的主张,并从"八事"入手,具体制定了以白话代替文言的原则,提出"不模仿古人""须讲求文法""务去滥调套语""不避俗字俗语"等原则。胡适的"八不主义"明确表达了对传统文学的否定和用白话置换古文言方式的决心。

胡适的《文学改良刍议》引起文坛和思想界的巨大反响。在《新青年》第二卷第六号上,陈独秀撰文《文学革命论》,将文学的语言载体与内容结合起来,明确提出文学的"三大主义":推倒雕琢的阿谀的贵族文学,建设平易的抒情的国民文学;推倒陈腐的铺张的古典文学,建设新鲜的立诚的写实文学;推倒艰涩的山林文学,建设明了通俗的社会文学。[①] 随后,钱玄同、刘半农、傅斯年等也都纷纷参与讨论,将白话文运动推向高潮。一年以后,胡适在《建设的文学革命论》中提出了"国语的文学,文学的国语"这一原则。新时代的文学必须是运用白话创作的文学,阐明了文学与白话语言规范的关系。其所提倡的文学革命是要替中国创造一种国语的文学。有了国语的文学,方才可有文学的国语。有了文学的国语,国语才可算得真正国语。

1919年1月,周作人又在《每周评论》上发表《平民的文学》,认为就形式上说,古文多是贵族的文学,白话多是平民的文学,并将中国传统语言视为中国贫弱落后的重要原因。其反对古文,大半是因为其晦涩难解,难以统一国民心思,使得表现力与理解力都不发达。但同时又是因为古文思想荒谬,于人有害的缘故。这宗儒道合成的不自然思想,寄寓在古文中间,几千年来根深蒂固,没能分离开,所以荒谬的思想与晦涩的古文几乎已融合为一,不能分离。周作人对古文的批判实际上已经将语言与语言所承载的思想联系起来,意识到语言思想互为表里的辩证关系。无独有偶,钱玄同也将文言与传统旧思想联系起来,其对古文的批评更加偏激。黎锦晖还起草了《请教育部令全国学校使用新文字案》,认为汉字流传至今,跟着知识闭塞、思想简陋的民族在一块

[①] 廖七一. 翻译与现代白话规范 [J]. 外国语文, 2010 (3).

儿，没有受过科学的洗礼，已经腐朽不堪，笨拙无比。当世界交通、文明日进之秋，没有用它作表情达意的工具的道理，希望借助国家体制的力量进行文字改革，消灭汉字，改用拼音文字。

除了倡导白话、批判古文之外，傅斯年从语言学的角度，提出白话具体的实施方案，制定出"文言合一"的十款规条和文言合一应注意的八个问题，特别强调翻译是促进现代白话规范成长的有效手段。具体说来，就是直接运用西洋文的款式、文法、词法、章法。修辞学上的方法造成一种超于现在的国语，因而成就一种欧化国语的文学。傅斯年提出，用直译的方法翻译西方文学，练习久了，便能自己作出好文章。可以看出，对西方语言的借鉴最直接的方式便是通过直译的方法翻译西方的文学；而傅斯年所谓的"欧化国语"实际上是对西方语言形式的模仿。

由于新文化运动对白话语言的倡导、白话语言的翻译和白话文学创作的兴起，1918年1月15日发行的《新青年》第四卷中的文学翻译几乎完全采用白话文，包括诗歌翻译。由于《新青年》在新文化运动中的影响，其他报刊也相继仿效，使用白话文。仅1919年就发行白话杂志十数份，一些使用文言文的大报，如《国民公报》《晨报》《东方杂志》等，也部分采用白话文，或办白话文副刊，或采用白话文短评、通信，或在一部分消息和社论中采用白话文。与白话文报刊的风行同步，当时最有影响的出版业重镇商务印书馆发行了一系列白话文教科书。白话文形成的"强势"语言文化环境，使当局承认白话文的国语地位已是大势所趋。1920年1月，教育部颁令，国民学校低年级国文课教育统一采用白话文。五四运动后白话文在文化地位上全盘取代了文言文，成为占主导地位的语言载体。

三、翻译与五四白话

现代文学翻译语言规范的流转与形成，需要通过翻译中介得以完成。严家炎称现代汉语是因为翻译而被逼出来的新体文。最早促成它的动因是出于忠实译介西方文学的需要。换句话说，新体白话是由面对民众的文学翻译逼出来的。在这类翻译小说传播的过程中，新体白话不知不觉地逐渐形成，并被读者所接受。这种白话文与传统白话小说的语言有所不同，它以现代口语为基础，容纳某些文言词汇，避开过于生僻的方言乡音，语法结构上有时虽略带一些外语痕迹，却比较顺畅自然，容易为一般读者所接受。

现代白话的句法、结构、甚至标点符号，也都通过翻译而为国人所认识、认可，然后被本土化或中国化，成为现代汉语的组成部分。近代白话翻译文学与现代白话文体的生成有密切的联系，早期的外国文学译本也影响了当时创作界的文学语言；这一种白话文体的转变是悄悄地进行的，读者在看了不少译本和创作小说及杂文后，才开始有所感觉。翻译已被公认为影响白话规范的重要中介。翻译促进白话语言规范的演变，

首先体现在白话语言使用的范围上。第一，现在白话文，是话怎么说便怎么写。那时候却是由八股文翻译成白话文，仍然是古文里的格调，可见那时的白话，是作者用古文想出之后又翻作白话写出来的。

第二，是态度的不同——现在我们作文的态度是一元的，就是无论对什么人，做什么事，一律都用白话。而以前的态度则是二元的，不是所有文字都用白话写，只是为一般没有学识的平民和工人才写白话。但如写正经的文章或著书时还是作古文，因此我们可以说，在那时候古文是为"老爷"用的，白话是为"听差"用的。

总之，那时候的白话是出自政治方面的需求，只是戊戌政变的余波之一，和后来的白话文可说是没有多大关系。也就是说，由翻译引发的白话规范确立，使五四以后的白话与晚清时期有了本质区别，从前的"二元"态度也不可逆转地让位于白话的一统天下，白话已经深入到国民精神的各个方面。

其次，文学翻译为白话的规范提供了实验的场所；作为中介语言，当时的翻译语言可以说是口语基础上的欧化语，是外语、古文、方言等的"杂糅"。所谓"杂糅"实际上是一种"翻译腔"，是民族语言通过译介而发生嬗变必然留下的痕迹。再次，翻译促进了五四白话创作的成熟，使创作语言结构日趋精密，意义日趋清晰。

四、白话规范与思想革命

语言是工具，但又不完全是工具。语言有"道"和"器"两个层面，语言除了能表达思想、传递感情之外，还蕴涵丰富的文化思想内涵。选择某种语言实际上意味着选择某种文化价值。文学翻译引发的语言变革不仅仅是形式上的嬗变更替，还必然引发文化思想领域的深刻变革。

首先，白话语言规范普及了教育，促进新思想的传播。从"器"层面而言，文言由于言文分离，文言文成为少数文人和统治阶级垄断知识的工具，而广大的普通民众则被剥夺了受教育的权利。晚清黄遵宪、梁启超、裘廷梁就深刻认识到言文分离和文言文的弊端。言文分离不仅无法普及教育，难以提高民众素质，而且限制了读书人接受新思想、新观念；对国人的性灵是一种束缚，对新思想的传播是一种妨碍。

其次，白话语言规范流转与演变，特别是现代白话中新概念、新词汇的出现，正好与新文化运动标举"德先生""赛先生"的旗帜，"科学""民主"逐渐演变成主流社会价值的思想追求合拍。当时的学者认为西方列强的优越之处不在"善会计""擅机巧""汽机兵械"之类"形而下"的器物，而在于学术上求"真"、政治上求"公"，也就是信仰"科学"与"民主"，此二者才是形而上的"理"与"道"。这一精当论述可以看作是五四时期崇尚科学与民主的时代先声。这样几乎全国一致的崇信，究竟有无价值，那是另一问题。但我们至少可以说，自从中国讲变法维新以来，没有一个自命为新人物的人敢公然毁谤"科学"。"科学""民主""进步"等遂成为民众普遍接受的主流话语。

再次，白话语言规范推进了民主思想进程。语言承载着一定的文化蕴涵和价值观念，白话的应用与民主精神和阶级立场紧密相连。事实上，一方面，白话肩负的使命正好是要把旧文化、旧思想的缺点和新思想传达更多的人，这是因为文言是极少知识分子所拥有的语言，不能普及、不能行远。另一方面，提倡和实行白话又涉及人们对民主和人道的态度。胡适曾精辟地解剖传统文人自视优越的心态，一边是应该用白话的"他们"，一边是应该作古文古诗的"我们"。在《新文学·新诗·新文字》一文中，胡适批评了中国士大夫阶级。上千的年科举制度使文言古文成为稀缺资源，是文人争取社会地位和政治权力的手段，成为文人士大夫阶层垄断文化知识和治人的资本。

最后，白话语言规范不仅是语言工具的转变，而且预示着思想革命。有学者称语言革命即思想革命，反过来，思想革命亦即语言革命，语言和思想难以分割。五四新文化运动与其说是一场思想革命，还不如说是一场语言革命。中国文化从近代向现代的转型，并非以提出了多少新观点或人们接受了多少新观点为标志，而是以建立新的中国现代语言系统和人们接受这新的语言系统为标志。没有语言系统，中国现代文化的转型是难以想象的。

也就是说，白话语言规范的确立是语言系统的变革。但在思想层面上，这涉及思想文化体系的变革；涉及思维方式、价值观、伦理观、宗教观等转变，因此绝不是简单的语言工具的革新。晚清传统白话与五四以后的现代白话之所以是两种不同的语言，除了周作人前面提到的原因之外，更重要的是传统白话在思想层面上可以说是古汉语的翻译语言。而胡适等人提倡的白话文在思想层面上可以说是西方语言的翻译语言，是一种强烈西化的新语言，表达的是新思想。

由此看来，用文言或者用白话翻译有着本质区别。用传统文言翻译，或者说用完全归化的手法翻译，是用中国传统思维框架去理解或诠释西方的作品，这对了解西方、认识自己非常重要。但更重要的是用白话直译西方著作，引进西方的概念与术语，输入思想词汇。两种语言系统不同，最根本的不是字形、语音、语法以及实际词汇的不同，而是思想词汇的不同。高玉曾将严复翻译的《人道篇》与王佐良翻译的《人论》进行比较，认为这两首诗虽源于同一思想资源，但艺术形式和思想内容上却有很大的不同，这种不同同样是由语言体系的不同造成的，其是两种完全不同性质的诗。用文言或现代白话翻译，决定了译诗语言所承载的文化内涵和精神思想，因此有着本质上的区别。

第三节 批评话语与翻译"红色经典"

一、批评话语与"红色经典"的界定

（一）批评话语界定

话语是特定语境中的语言交际事件，是与社会权力关系相互缠绕的具体言语方式。话语具有如下特征：话语不是"透明"意义的传输"管道"，隐含着言说者的概念、看法、兴趣与感情；话语具有不同形态和层次，包括主流与非主流、强势与弱势、中心与非中心等，还包括相关联的、有排斥性的另类话语；话语在描述事实的同时，也"建构"和改变事物与世界的状态。而广义的翻译批评似乎可以界定为：以翻译或翻译活动为中心的分析、评估和研究。研究翻译批评话语旨在关注、揭示或反思那些借助语言所构建的与翻译相关且具有社会文化意义的事件。

（二）"红色经典"界定

何为"十七年"间的"红色经典"，学界争论颇多，众说纷纭，似乎并未达成一致。作为一种历史命名，"红色经典"有其特殊的内涵和指代。"红色"是指作品的政治倾向、指向阶级、信仰、意识形态、权力；"经典"则是指作品在其生成的时代所产生的巨大社会影响与历史影响，以及它们对于一个时代文学的代表性。

显然，所谓"红色经典"并非一般意义上的经典，而是特殊时代的特殊

文学标志，是革命文化领导权建构的核心部分。"红色经典"的核心意义在于其代表着共和国前期的一种文艺模式、一个时代的心灵和主调。"十七年"间，"红色经典"的形成并非自然选择的结果，而是主流意识形态对文学文本（包括译本）经典化所产生的制约和驱动，它具有的深刻影响力是集权话语体制下生产者和消费者别无选择的必然结果。

这里所指的"红色经典"，是指1949年之后国内影响广泛、以塑造和歌颂英雄人物为主旨的翻译作品（主要是苏联）和国内创作的文学作品。[①] 译自苏联的"红色经典"包括《钢铁是怎样炼成的》《母亲》《卓娅和舒拉的故事》《幸福》《真正的人》《金星英雄》《远离莫斯科的地方》《青年近卫军》《暴风雨所诞生的》《日日夜夜》《前夜》等等。国内"红色经典"的范例即广为人知的"三红一创""青山保林"。这八部长篇小说的"红色经典"地位代表了主流政治话语对思想秩序和艺术秩序的规约，在很大程度上左右了"十七年"间文学创作和文学译介的走向。

二、主流政治话语与文学批评

主流政治话语与文学批评体现在官方高度强调苏联文艺为无产阶级服务的方向。除了在政治上坚定地走苏联的社会主义道路之外，文艺还必须为无产阶级政治服务，要使文艺成为革命机器的一个组成部分，作为团结人民、教育人民、打击敌人、消灭敌人的有力武器，帮助人民同心同德地和敌人做斗争。

党和政府高度重视马克思、恩格斯、列宁、斯大林和毛泽东著作的出版。人民文学出版社先后出版了《马恩列斯论文艺》《毛泽东论文学与艺术》（重印时改为《毛泽东论文艺》）《马克思、恩格斯论艺术》（4卷）《列宁论文学与艺术》，以及毛泽东《在延安文艺座谈会上的讲话》单行本等。

国家的政治意识形态决定国家政治、经济、文化、宣传以及文学艺术的方针与走向。1950年4月1日，茅盾在文化部对北京市文艺干部的讲演中，特别列举苏联革命斗争文学的范例《铁流》《夏伯阳》《青年近卫军》《士敏土》等，要求文艺工作者学习苏联的文艺理论和创作方法，特别是苏联文学史以及某一作家及其作品的专题研究。这是因为马克思列宁主义的科学文艺理论、苏联文艺创作经验等是文学批评家必须具备的知识。

1949年以后，俄苏文学的译介"完全是以政治为择译标准"；俄苏文学的翻译数量"占压倒性优势"，其译者"超过三千人"。而《钢铁是怎样炼成的》

[①] 李金树. "红色经典"批评语境与李俍民的翻译题材转型[J]. 语言教育，2019（4）.

所表现出的革命乐观主义和英雄主义的精神正好为新型的社会主义文化提供了典范，成为最合时宜的先进范本和中国青年"效仿的榜样"。

红色经典的翻译选题就是一项政治任务，其并非个人的艺术追求或偏好。可以看出，红色经典的翻译明显带有政治功利性：从选题、翻译、修改增补到出版发行，整个过程都受到主流政治意识形态的驱动。《钢铁是怎样炼成的》之所以能成为经典，是"保尔与斯大林模式有着共生的关系"，因为作品符合斯大林模式的社会主义对人的要求：朴素的阶级感情、狂热的献身精神、共产主义的美好憧憬、坚定紧跟的忠诚。

《牛虻》的翻译清楚地印证了主流政治话语驱动红色经典的营建。由于伏尼契的《牛虻》是保尔和奥斯特洛夫斯基最喜爱的作品，所以还未等这部小说被介绍到中国，就早已为广大读者所熟悉和喜爱。这种熟悉与喜爱使得当时的读者成为积极推动翻译该小说的强大动力，并促使李俍民着手翻译《牛虻》一书。

与翻译红色经典相类似的是，宣传革命精神和社会主义道路的本土创作得到主流政治意识形态，甚至苏联的高度认可。丁玲的《太阳照在桑干河上》、周立波的《暴风骤雨》、贺敬之与丁毅执笔的歌剧《白毛女》获得 1951 年斯大林文学奖。这是中国出版的著作在国外首次获奖，突出了革命政权新的文学艺术规范，强化了文艺的政治功利性，推动了后来的"三红一创、青山保林"本土文学经典的创作。经过马列主义的文艺理论家的阐发引申，走苏联革命的道路，文艺为工农兵服务、为无产阶级政治服务，成为 1949 年以后的文艺方针和政策，自然也成为翻译工作的方针与政策。

与此同时，西方的文艺思想受到严厉批判，文艺作品受到严格控制。1951年中央人民政府文化部《国外影片输入暂行办法》规定：凡进口影片，其内容如有反世界和平、反人民民主、违反中国的民族利益，或宣传淫猥色情迷信恐怖等，足以妨碍新社会秩序者，视其情节轻重，应加以删剪或不予通过。所谓"反世界""反人民民主""违反中国的民族利益"，其解读必须置于社会主义与资本主义两大阵营对立的具体文化语境，而正面典范必然符合无产阶级意识形态。1950 年《译文》杂志的发刊词指出：作为全国文协的机关刊物，要遵循文协章程所规定的我们集团的任务。其中第 2 条明确规定，翻译要肃清为帝国主义者、封建阶级、官僚资产阶级服务的反动的文学及其在新文学中的影响，参加以苏联为首的世界人民争取持久和平与人民民主的运动，明确界定了文艺创作的政治属性。

俄苏翻译小说的数量变化说明了 1949 年以后文化政策的改变。从 1919 年到 1949 年出版的全部俄文译本总共不到七百种，而 1950 年一年内出版（包括再版）的俄文译本已多达 1600 余种。而同期"译自英美资本主义国家的图书"从原来占全部翻译书的 60% 下降到 25%。

不仅如此，学界对翻译文学经典的标准、批评原则甚至言说方式都效法苏联。《牛虻》的翻译虽然参照的是英文文本，但中青社要求译者按苏联青年近卫军出版的俄语版本加以删节。同时，在"出版者的话"中也对"苏俄翻译文学"持"完全认同的态度"，甚至到了亦步亦趋的程度，以致《牛虻》译文更忠实于俄译本《牛虻》，而非爱尔兰原著《牛虻》。中文版《牛虻》的"序"也采用苏联儿童出版局的俄译本中的叶戈洛娃所写的序文，译本的插图采自青年近卫军出版局的俄译本，注释也是在该俄译本的注释上加以补充而成。翻译强调政治性、表现革命战争或阶级斗争的"重大题材"，在翻译文学经典秩序序列中占据首位。

三、出版发行的赞助系统

赞助系统是指推动或限制文艺作品的生成、出版与传播的社会机构或个人。1949 年以后，晚清时期多元分离的赞助机构被单一的赞助系统所取代。随着国家对资本主义工商业改造的逐步推进，在短短不到 5 年时间内，中国出版行业占 80% 以上的私营企业通过公私合营过渡到国营商业，完全退出了历史舞台。1952 年，全国出版社多达 426 家，到 1956 年锐减到 101 家；到后来只剩下 70~80 家。有限的出版社又有明确分工，能够翻译出版国外作品的仅有北京的人民文学出版社、上海文艺出版社、中国青年出版社等。出版社数量锐减、单一体制和严格的分工，不仅限制了翻译内容的多样性，甚至控制了翻译的可能性。与此同时，一度十分繁荣的私营期刊要么停刊消失，要么变为国有，隶属于国家出版总署的直接领导；翻译的出版发行被纳入组织化和计划化的管理。出版行业从此告别了自由选题、自由出版的"无序状态"。

与此同时，中共中央宣传部、文化部等国家机构着手规划一系列重大的翻译项目。1956 年 3 月 21 日至 4 月 12 日文化部召开部务会议，分别讨论《出版、电影、社会文化、文物、艺术、艺术教育事业十五年远景规划》（草案）。1952 年 1 月，中共中央马克思恩格斯列宁斯大林著作编译局成立，9 月开始翻译出版《斯大林全集》（13 卷）。1956 年 10 月，《鲁迅全集》注释本开始分卷出版发行。同年 12 月，由中共中央马恩列斯著作编译局翻译的《马克思恩格斯全集》（50 卷）开始分卷出版。翻译出版逐步由国家政府规划、管理、实施，成为为国家政治意识形态服务的工具。

出版社不仅严格筛选翻译文本，并对译本进行选择性的挪用，即用改写手法对宗教文化、迷信色彩描写、资产阶级思潮等进行删节，以表现英雄人物的典型形象。

　　其次，出版社还组织出版"经典"的通俗本，使经典普及到工农兵、干部和青年中。其中有《百炼成钢》（根据奥斯特洛夫斯基的《钢铁是怎样炼成的》改写的）、《夏伯阳》（根据富曼诺夫的《夏伯阳》改写的）、《苦海变乐园》（根据康斯坦丁·帕斯托夫斯基的《卡腊·布迎日海湾》改写的）、《雪地长虹》（根据瓦希列夫斯卡的《虹》改写的）等。这些改写本文字明快、故事紧张、结构紧凑，情节交代得清楚；同时，又不失原意，正确地掌握了原著的思想感情。这种改写方法为广大的工农兵及市民读者所喜欢。

　　红色译作经典化的另一个重要的手段是借助其他媒体，如话剧和电影的艺术形式。话剧和电影有纸质文本不可企及的优越性和感染力。1950年上海电影译制厂译制了影片《钢铁是怎样炼成的》；3月4日，影片在大城市的影院上映。同时，1957年，长春电影译制厂又译制出《保尔·柯察金》，在中国大陆29个城市播放。1950年2月，中国青年艺术剧院将《钢铁是怎样炼成的》搬上了话剧舞台，由孙维世导演，金山饰演保尔·柯察金，张瑞芳饰演冬妮亚。演出获得巨大成功。从1950年到1954年8月底先后有中国青年艺术剧院、华东海军文工团、武汉市青年文工团、重庆市文工团、山西省文工团、甘肃省话剧团等演出，共计295场。1957年，中央人民广播电台广播剧团还为纪念十月革命四十周年演播《钢铁是怎样炼成的》的片段。《钢铁是怎样炼成的》的改编本几乎囊括了当时所有的艺术表现形式；这些改编本的"普及和推动"使小说在中国妇孺皆知，产生了广泛而深远的影响。

四、读者批评

　　"红色经典"叙事，一般泛指以中国革命历史为题材、在中国拥有大量受众的文艺作品。它既包括20世纪30年代开始出现的对"红色苏维埃政权""红色革命根据地""红军"等的书写，也包括40年代的解放区文学，更特指新中国成立后"十七年文学"中大量出现的革命历史小说。[①] 红色译作经典的营建除了主流政治话语、出版策划与推动之外，另一个重要因素是自上而下的宣传造势和对读者接受的引导与规范。《人民日报》曾发文，宣传翻译经典在革命与建设中的巨大鼓舞力量。

---

① 刘晓华."红色经典"叙事话语初探［J］.安顺学院学报，2021（5）.

《保尔·柯察金》在中国放映之后，《中国青年》还曾报道各校学生观看之后成立了"保尔·柯察金"班，工厂成立了"保尔·柯察金"组，车间也被命名为"保尔·柯察金"车间，并举行了隆重的命名仪式，展开讨论、学习，向那些光荣的英雄人物看齐。重庆、哈尔滨、杭州、合肥等地的若干学校、工厂、机关的共青团支部组织讨论，济南、长沙有一些机关青年因为贪图安逸，不愿意离开城市，在看过《保尔·柯察金》后，纷纷报名要求到农村中去锻炼，到祖国最需要的地方，像保尔那样去生活。《文艺报》还专门组稿，密集刊登观后感。

对红色经典翻译的接受与批评还体现在本土革命经典的创作上；不少作家都谈及苏联红色经典的影响。文艺理论家、诗人、文学翻译家胡风曾在日记中记录了苏联文学创作理论、人物塑造的方法以及阅读《钢铁是怎样炼成的》的过程。王蒙1953年创作的《青春万岁》中也多处提到主人公受到《钢铁是怎样炼成的》的影响。因而可以说，红色经典译作整整影响了中国几代人；《钢铁是怎样炼成的》甚至一度成为苏联小说在中国的代名词。

第四节　译介学与翻译批评

译介学是比较文学研究的一个分支，是20世纪30年代兴起的一门学科，专门研究跨文化翻译，尤其是文学翻译在跨文化交际中所起的桥梁作用以及所具有的特殊意义和价值，研究两种不同文化背景的语言在转换过程中为什么会出现文化信息失落与变形，研究"创造性叛逆"等问题。本书拟从译介学理论的研究对象以及译介学理论与传统译学理论研究之间的主要差异为切入点，尝试用译介学理论阐释文学翻译的本质，以期为文学翻译本质的界定寻求更具说服力的理论依据。

一、译介学理论研究的对象

译介学的归属学科比较文学诞生于法国。早期的代表人物主要有法国的比较文学学者梵·第根（P. Van Tieghem）和基亚（Kya）。梵·第根在1931年出版的《比较文学论》中的"媒介"专章里探讨了译本与原文相比是否"完整"，是否"准确"，以及译者的情况。基亚在1951年出版的专著《比较文学》中继续谈及译者、译作方面的问题，并坚持认为翻译研究是比较文学的具体的、不可缺少的基础工作。其他学者在20世纪80年代也公开宣称翻译是比较文学中极其重要的部分。①

译介学是20世纪70年代末比较文学在中国重新崛起后逐渐为国内学术界所认识和了解的。杨乃乔主编的《比较文学概论》的问世标志着中国比较文学经过20年的成长结束了初创的"散打"状态，进入正规的学理研究和成熟阶段。上海外国语大学谢天振教授自20世纪90年代以来在国内权威核心刊物上发表多篇论文并于1999年推出专著《译介学》，成为当今国内比较文学界、翻译界、外语界译介学方面的杰出学者。

上文提到，作为比较文学研究的一个分支，译介学专门研究跨文化翻译，尤其是文学翻译在跨文化交际中所起的桥梁作用以及所具有的特殊意义和价值，研究两种不同文化背景的语言在转换过程中为什么会出现文化信息失落与变形，研究"创造性叛逆"等问题。比如，严复将赫胥黎的书名 *Ethics and Ethics and Other Essays* 译为《天演论》，也就是说，他把后半部分删去，仅保留前半部分"Evolution"（进化）。按照传统译论的评判标准，这恐怕不能算是忠实于原文。然而"信、达、雅"的翻译标准正是严复提出来的，难道他自己不执行这个标准吗？有学者用比较文学方法对此进行分析，认为进化论在当时的西方是已经被公认的，所以，严复在翻译时删去"伦理"，而突出"天演"，其目的是扩大"天演"的解释力。这就是说，严复的翻译自有其道理。用译介学的理论研究翻译总能为译作的合理性找到理论依据。美国当代著名作家亨利·米勒的一部杂集 *Big Sur and the Oranges of Hieronymus Bosch*，其书名在汉译后也仅保留了前半部分，被译成《大瑟尔》。因为 Big Sur 是美国加利福尼亚州的一个地区，全书各章均是围绕大瑟尔这个地方来展开其人物与事件的描写的，而 the Oranges of Hieronymus Bosch（希罗内莫·博斯的橘子）仅是书中的一个章节，也与大瑟尔紧密相关。译者在翻译时如此处理该书名也正是为了给"大瑟尔"一个突出的位置。这里还可以举出其他一些例子：*Oliver Twist* 被译成《雾都孤儿》，能使读者对故事的主人公和背景有一个生动的想象空间；*Hamlet* 被译成《王子复仇记》，*An Inspector Calls* 被译成《罪恶之家》也都可以使读者了解故事内容是什么。当然，如果把它们分别译作《奥利弗·崔斯特》《哈姆雷特》《侦探来访》也无可非议。

这类译文用译介学理论来阐释都有其充足理由，因为译介学理论认为文学

---

① 孙萍，綦天柱. 译介学理论在文学翻译批评中的应用 [J]. 东北师大学报（哲学社会科学版），2005（6）.

翻译要以译文读者为服务对象，尽管从字面上看，是对原文的一种扭曲、变形甚至叛逆，但从深层意义上看，它们都较好地传达了原文的内在信息，达到了原文的预期目的。

译介学还关心翻译文学的承认问题。文学翻译不只是语言文字符号的简单转换，更是文学创作的一种形式，属于翻译文学类别。在人类文明的历史长河中，世界各民族优秀的文学作品都是通过翻译得以代代相传，进而走向世界。翻译文学有助于介绍、传播、普及原作；许多原著的多种汉译本能帮助中文读者更深刻地领会原作的艺术价值；有助于源语读者重新发现某部分被忽视的价值；有助于获得超越原作的审美价值；有利于丰富和发展民族文学。

二、译介学与传统译学研究之间的主要差异

译介学是一门跨语种、跨国界的学科；翻译是一门（在多数情况下）跨语种、跨国界的实践。把翻译尤其是文学翻译纳入比较文学中译介学的研究范畴，有其内在的合理性与必然性，因为文学作品的创作源自作家对现实生活以及大自然的理解和阐释，文学作品的翻译就是译者对反映在原作里的另一民族或国家的现实生活和大自然的理解和阐释。把译介学研究与传统译学研究相比较，就会看到两者之间在很多方面存在差异，其中主要差异体现在以下五个方面：

（一）研究的角度不同

译介学多把研究对象（译者、译品或翻译行为）置于两个不同民族、文化或社会的巨大背景下。从这个角度研究两个不同的民族、文化和社会之间的交流，它是从更为广阔的背景上理解翻译，甚至认为文学作品创作过程本身也是一种翻译，是作家对现实生活和大自然的翻译。

一部文学作品一旦问世就要接受读者对其各种无休止的翻译，即各种读者的不同理解、接受和阐释。因此，译者对另一民族或国家的文学作品的翻译不仅仅是两种语言之间的转换，它还是译者对反映在作品里的另一民族、国家的现实和大自然的翻译（理解、接受和阐释）。因此，翻译研究便有了文学研究的性质。传统的译学研究是把焦点对准语言本身，主要探讨译者对源语的理解与表达，或是研究翻译的修辞艺术，如对长句的处理，对复杂结构的分析等等。传统的译论还强调以作者为中心，体现在处理原作与译作的关系时要以原作为支配者，译作为被支配者，原作是意义的发源地，是理解的权威和依据，译作只处于附属地位，应该时时以原作为参照，不能越雷池半步，所以，译作

仅是原作在另一种语言载体中的翻版。

(二) 研究的内容不同

译介学研究译者、读者和接受环境三个内容，认为把一部文学作品译成另一种文字后所发生的信息变形是由译者、读者和接受环境三方面因素促成的。也就是说，译介学的研究是文学研究或文化研究，它并不局限于对某些语言现象的理解与表达，也不参与评论其优劣，只把翻译中涉及的语言现象作为文学研究的对象加以考察。比如对误译的研究，有些译文中充满了误译，这是对原文明显的不忠，但却为广大译文读者所喜闻乐见，因而具有一定的文学研究价值。这其中固然有译者的作用，但也肯定离不开读者和接受环境的作用，因此，译介学就要对这三个方面的因素进行考察和研究。传统的译学研究只注重研究译者，并不注重研究读者和接受环境，所以，与译介学研究相比，传统译学研究就显得单一且片面。译介学则结合现代语言学、交际学、符号学等各种理论，或结合民族、社会、文化等方面的差异，对翻译现象作理论性阐发，或从理论上进行归纳和提高，总结出具有指导翻译实践意义的理论。

(三) 研究的目的不同

译介学把翻译看成是文学研究的一个对象，把翻译行为的结果，即译作当作一个既成的事实加以接受，不在乎其质量的优劣，并在此基础上展开对文学交流、影响、接受、传播等问题的考察和分析，其研究意义主要在文化和文学层面。传统的译学研究目的是总结翻译经验，将其上升为翻译理论，并用以指导翻译实践。这也是译介学研究与传统译学研究最根本区别所在。

(四) 研究的重点不同

译介学关心的是语言在转换过程中表现出来的两种文化和文学的交流，关心它们的相互理解和交融、相互误解和排斥以及由于相互误释而导致的文化扭曲与变形等。传统译学研究则注重语言的转换过程以及与之有关的理论问题。

(五) 评判译文的标准不同

在传统的翻译批评里，评判一部译作优劣的标准是它同原文的等值度。这种"等值"的标准是静态的，因为它的参照物是已经存在且不再改变的原文。用译介学理论评判译文的优劣，所依据的则不仅仅是语言上的对等，还要看译者的翻译目的和读者反映。与原文的等值度不再是唯一或最高的标准，原作通过译者的介绍在译入语文化中所产生的效果和功能是无法用忠实原作的标准来衡量的。翻译活动毕竟不是语言之间相互检测的游戏，也不是为某一标准而翻译。翻译首先是某文化主体在内部或外部刺激下所激发的文化需求，所以不能仅以是否忠实原作来衡量译作，否认其在译入语文化中的功能。译者为适应译入语社会需要甚至为服务于特定目的对译文做出具体调整。批评者可以更充分地理解、更准确地解释译作与原作之间的各种差异，并揭示其背后社会文化历史因素所起的作用。一些在形式或内容上与原文相比有失偏颇的译作也可以得到合理解释，衡量译作的标准与传统的评判标准相比要宽容得多。由此可见，从译介学的角度研究翻译，人们的视野会更加开阔。

三、跨学科的文化批评观

跨学科与文化转向是当下学术研究的主流，是语言学、文学、美学、人类学等学科发展的共同趋势。译介学正是从跨学科的视角介入翻译研究，翻译与翻译批评也因而具有更深远的文化意义。一个理论体系的创立首先表现为术语的厘清与界定。译介学是从比较文化的角度出发对翻译（尤其是文学翻译）和翻译文学进行的研究。严格而言，译介学的研究不是语言研究，而是文学研究或者文化研究，它所关心的不是语言层面上源语与目的语之间如何转换，而是原文在本族语转换过程中信息的失落、变形、增添、扩伸等问题；是翻译（主要是文学翻译）作为人类的一种跨文化交流实践活动所具有的独特价值和意义。

2004年，《中国翻译》刊发了文章，认为中国翻译研究面临的困境是"窄"与"薄"。"窄"主要指研究的路子窄，体现在创新意识不够，走别人的老路，缺乏理论框架与体系的突破。所谓"薄"是指理论底子薄，跨学科知识严重欠缺，强调要有新的视角、新的方法和新的突破。学术创新贵在有探索意识和勇气，选题没有魄力，没有创意，只求保险，学术建树就无从谈起。而谢天振的《论译学观念的现代化》不仅是对学术创新的回应，而且是从研究观念上对译学发展进行论证，表现出跨学科和理论建构的学术意识。[1] 翻译所处的文化语境已经发生了变化，翻译研究的内容也已经改变，然而我们的译学观念却没有变化，我们的翻译研究者队伍没有发生实质性的变化，不少人的译学观念仍然停留在几十年前甚至几百年前。今天的翻译已不再是简单的两种语言之间的转换行为，而是译入语社会中一种独特的政治行为、文化行为、文学

---

[1] 谢天振. 论译学观念的现代化 [J]. 中国翻译，2004 (1).

行为，而译文则是译者在译入语社会中诸多因素作用下的结果，在译入语社会的政治生活、文化生活乃至日常生活中扮演着举足轻重的角色。

　　翻译的文化语境也已经从口语交往阶段、文字翻译阶段发展到今天的文化翻译阶段，这些变化深刻地影响和改变了翻译研究的走向。不了解世界范围译学的趋势与动态，不迅速实现译学观念的现代化转向，无疑会成为我国译学理论建设和翻译学科建设的"瓶颈"，势必阻滞中国译学的进一步发展，从而给我们整个翻译事业带来不利影响。这对翻译批评有积极的启发意义。

　　译介学将翻译批评从形而下的语言转换提高到文学和文化研究的层面。从译介学的视角来看，跨文化交际必须摒弃以自我为中心的思想，认清适应和认同在跨文化交流中的作用。

第八章　价值哲学与翻译批评

翻译批评是以评价理论为理论基础，而评价理论是以价值哲学为哲学基础。所以翻译批评的哲学基础也应是价值哲学。本章首先简单概括了价值哲学的基本知识，其次从价值哲学视角分析文学翻译批评，再次探讨价值哲学视角下翻译批评的发展，最后概括有关价值哲学观念下翻译批评主体确立的内容。

第一节　价值哲学概述

一、价值哲学概念

哲学是人类一切活动的思想指南，而价值是哲学的核心问题，评价理论又是价值哲学的重要组成部分。[①] 价值哲学从主体的需要和客体如何满足主体需要来评价各种物质和精神现象，并评价个人行为的意义，把客观世界和人类主体联系在一起。创造价值和享用价值是人类活动的本质，人类对价值的追求驱动着人类的实践活动。人类的自我完善和社会不断进步的需要，只有通过社会实践去改造世界才能获得满足。人类认识世界的目的是改造世界，而改造世界的目的是创造价值、创造物质文化财富，以满足其物质需要和精神需要。当今价值哲学主要解决的问题之一，就是深入进行价值评价活动研究。因此，价值评价活动是人类一切社会实践的行动指南。翻译活动是人类的社会实践活动，其活动本身具有价值属性，评价活动是其重要环节，因此，价值哲学理应成为翻译批评研究与翻译评价活动的哲学基础，为其提供理论指导。

价值包括物质价值和精神价值。翻译活动属于创造精神价值的活动。精神

[①] 孙宁宁．价值哲学与翻译批评研究的嬗变［J］．河海大学学报（哲学社会科学版），2008（2）．

价值是指客体即自然、社会和精神产品与人的精神文化需要的关系，主要包括知识价值、道德价值和审美价值。从本质而言，知识是人们的头脑对客观规律的正确反映。当知识作为客体呈现在人们面前时就具有社会意义，产生出价值。道德价值即善的价值，是高尚的道德行为、优秀的道德品质和崇高的道德理想所产生的价值。而审美价值，则是指自然与人、物质与精神、客体与主体相互作用而产生的效果。精神文化价值是人类日益走向全面发展的标志，是人类的精神财富。

翻译批评探究的是翻译活动同知识价值、道德价值和审美价值等精神价值之间的联系，由此寻求翻译活动满足人的自我完善和社会发展需要的轨迹。价值学意义的价值是一种理念、原则和判断，用来评估特殊事件、意义和特性，并且赋予其正负价值。广义地说，价值包括利害、善恶、美丑，从知识价值的意义上说还包括真假。但通常人们讲的价值，指的是正价值、真善美。所以价值必定是善的，必然是有利于主体生存、发展和完善。从根本上说，价值在于促进社会主体的发展和完善，使人类社会更加美好。

众所周知，哲学是时代的精华，是一切活动的思想指南。作为一种科学，它揭示了一切客观规律；作为意识形态，它揭示了世界对人的价值关系并确立人们正确的价值观。翻译活动属于人们创造精神价值的活动，精神价值是指客体同人的精神文化需要的关系。精神价值可以包括知识价值、道德价值和审美价值。翻译批评学则主要是研究这些精神价值在翻译活动中的结构、规律、特点及它们的内在联系，并探讨它们如何满足人的自我完善及社会发展需要。

无论是科技作品、政论作品还是文学作品的翻译，都涉及上述三种精神价值，其中科技作品主要是知识价值，政论作品主要是道德价值，文学作品主要是审美价值。但在文学翻译中，从表面上看关于审美，但美的本质中包括真与善，没有真与善作为基础和前提，就无法探讨美。所以对文学作品翻译的评价是价值论研究最复杂的对象。而以往在文学翻译中争议性最大，使它成为译学中许多争论焦点的原因也多是于此。学习价值哲学帮助我们对审美价值系统的结构和特点有所了解，从而解决以往许多争论不休、悬而不决的问题。

二、价值哲学研究的对象

价值哲学研究的对象是什么？一句话，就是研究贯穿于各个领域中的一般价值问题。对一般价值问题进行哲学考察，这是一般性的回答。要具体地回答这个问题，必须首先了解什么是价值或一般价值范畴，各个领域都有价值现象，例如经济价值、政治价值、历史价值、科学价值、文化价值、伦理价值、审美价值等。各个领域的价值各有其特点,但也有共同之处,有其共同本质,即价值一般。价值哲学就是研究贯穿于这些领域中的价值一般或价值共性。反映价值一般的范畴,即哲学价值范畴。

哲学意义上的价值,指的是客体的属性与功能能够满足主体的需要,或者说是客体属性与功能满足主体需要的效应。价值是在主客体关系的基础上产生的,它的基础是客体主体之间的需要与满足的关系。这种关系就是价值关系。价值与价值关系不同,价值是客体属性、功能对主体需要的满足,是客体对主体的功效或效应,而价值关系则是主客体之间需要与满足之间的关系,或客体属性、功能与主体需要之间的关系,包括肯定、满足、否定、不满足的关系。价值关系是价值产生的基础,而价值则是主客体价值关系的一种特定效应。价值包括正价值和负价值。通常说的价值是指正价值,而把负价值称为有害、弊端等等。

价值哲学研究的是价值和价值关系以及在此基础之上产生的价值观、价值观念。这就是说,价值哲学不仅要研究各个领域价值现象的一般价值、价值关系,而且还要研究反映这种价值、价值关系、价值一般的价值观、价值观念。在社会生活中,价值关系决定人们的价值观、价值观念,而价值观、价值观念一经形成,又能动地作用于人们的实践活动,它决定人们的价值取向,决定人们的好恶与情感、意志,是人们行动的强大动力。价值观是世界观的重要组成部分,但它与一般世界观不同,其有突出特点。以往的哲学对价值观、价值观念根本未进行研究。对于作为一般世界观的哲学来说,的确也很难深入研究价值观的特点和作用。必须有专门学科深入研究价值观、价值观念问题,这就是价值哲学。

价值从最广泛的含义上说,就是客体对主体的意义,或客体对主体生存和发展的意义。如果我们把主客体泛化,即相互作用的任何两个事物之间,都可以互为主客体,那么,价值也就泛化,即整个宇宙万物之间互为价值关系,如空气、阳光对植物生长有价值,良好的生态环境对植物有价值等。这样说似乎也无不可。而且这种研究也不是没有意义的。但是我们之所以重视价值,并不是因为客体对植物、动物或无机物有价值,而是因为价值对人及对人类的生存、发展的重要性。价值哲学研究的对象是主客体之间的一般价值、价值关系及其基础上产生的价值观、价值观念。

三、价值哲学的意义

（一）时代意义

从世界历史发展来看，当今时代是新技术革命兴起和蓬勃发展的时代，是改革的时代，是科学技术迅猛发展、生产力飞速发展的时代。随着新技术革命的发展、改革的开展、生产力的飞跃，人的能力增强，创造性增大，所创造的价值增多，因而人的价值也提高。自由的扩大、价值的提高要求社会承认和尊重人的价值，社会重视价值问题，这就使价值问题成为时代关注的突出问题。这就是在西方、在今天的中国出现价值热的时代背景。价值问题成了时代精神的表现，哲学是时代精神的精华，当然就应当研究价值问题，研究各个领域的价值现象中包含的一般哲学问题，这就迫切需要研究价值哲学。所以研究价值哲学是时代的需要。[①] 哲学是时代的灵魂。价值哲学的深入研究和在社会生活中的应用，必将有助于人们对客体价值与自身价值的认识，推动人们去发现价值、创造价值、扩展价值、实现价值，从而增大人的自由，促进生产力的发展，推动历史向前发展。

（二）实践意义

价值哲学的研究对于我国当前的发展具有特别重要的意义。改革要求克服小生产的狭隘眼界和保守习气，要求开拓、创新，这就必须实现价值观念的变革；抵制封建主义和资本主义的腐朽思想，振奋全国各族人民的精神，也必须有正确的、先进的、科学的价值观念，正确地认识人的价值问题，正确认识和扩展人的社会价值和自我价值，努力创造和实现价值。科学的价值观念对于激发广大群众奋发向上、振兴中华、创造新局面具有重要的意义。

从社会主义的精神文明建设来看，价值哲学的深入研究尤其具有重要意义。精神文明就是狭义的文化，文化的核心之一是价值观念。价值观念处于文化结构的最深层，它决定着人们的生活取向和行为准则，是文化发展的内在制动机制。文化属于观念形态，它分属两种类型，即知识形态和思想形态，相对于精神文明建设来说，是科学文化建设与价值观念。一个民族的文化反映一个民族的精神面貌，它对民族的精神生活、政治生活以及对物质生产力的发展具有重要意义。价值观念对文化发展的影响也直接影响到社会的思想面貌、精神

[①] 王玉梁. 价值哲学 [M]. 西安：陕西人民出版社，1989：9.

面貌、社会风尚以及社会主义精神文明建设中的思想建设,同时也制约着知识形态的科学文化的发展。当人们重视知识价值、教育价值、文化价值时,人们就舍得对智力进行投资,科学、教育、文化发展就快。反之,当人们重视实惠,重眼前物质利益,知识贬值时,科学文化教育就会被忽视,发展就很缓慢。所以作为研究价值与价值观念的价值哲学,对社会主义精神文明建设具有重要的指导作用。

特别应当指出的是,价值哲学对教育事业,特别是对青少年确立正确的世界观、人生观、价值观具有重要意义。从各国的思想史来看,价值哲学最初表现为道德哲学、伦理哲学。就是在今天,价值观念与人们的思想道德也密切联系。而价值与价值观念问题,特别是人的价值问题,又是当代青年关注的热门,正因为如此,价值和价值观的研究,对于指导青年确立正确的价值观,培养一代有理想、有道德、有文化、有纪律的青年,具有重要意义。

(三) 理论意义

价值哲学作为哲学的重要分支,在西方早已受到重视。在我国,价值哲学或价值论的研究,是20世纪80年代才开始的,因而还处于起步阶段。正因为如此,价值哲学的研究具有重要的理论意义。

首先,价值哲学的研究填补了我国学术理论的空白,对于推进我国学术事业的发展,无疑具有开创性的意义。

其次,从马克思主义哲学的理论建设来看,也有重要意义。过去,在马克思主义哲学体系中,根本没有价值范畴,不讨论价值问题。在一般人的眼中,马克思哲学中的价值就是经济价值、商品价值,价值是经济范畴。这种看法无疑是不正确的。实际上,马克思、恩格斯、列宁对价值问题已有过许多重要论述,他们很重视作为哲学范畴意义上的价值,只是他们当时来不及着重研究,没有进行系统研究。可以说,在马克思主义哲学体系中,20世纪60年代以前价值问题是一个空白。与国外特别是西方哲学相比,这是一个薄弱环节。在我国,价值问题在20世纪80年代之前尚未进入哲学界的视野。我们今天研究价值哲学,正是做填补空白、克服薄弱环节的工作。这对于丰富和发展马克思主义哲学,无疑具有重要意义。

再次,价值哲学的研究对其他学术文化的发展,也具有重要的意义。

价值哲学研究对伦理学的研究具有特别重要的意义。伦理学、道德科学是价值哲学的一个具体分支,是典型的价值哲学。伦理学讨论的都是价值问题,如善与恶、应当与不应当、正义与非正义等等。我国伦理学研究亟待深入。在伦理学上，许多问题缺乏理论概括，这与我国对价值哲学没有深入研究，缺乏理论武器，缺乏方法论指导有很大关系，我国古代伦理思想史研究更是如此。我国古代哲学中道德伦理思想占有突出地位，特别是儒家哲学基本上是以道德为本位的哲学体系。由于我们过去缺乏价值哲学思想指导，对儒家思想以及我国古代伦理学的研究，也往往是低层次的。近年来在价值哲学研究的影响下，有的学者运用价值哲学的方法分析儒家及我国古代其他学派的伦理观，分析我国古代传统哲学，取得了可喜成果。这说明，价值哲学对我国伦理学、伦理学史的研究，具有重要意义。

价值哲学的研究对管理学、行为科学等也有重要作用。管理学包括行政管理学的发展，管理不仅是一个技术问题，而且是如何处理管理过程中人的问题，是调动人的积极性问题，而调动人的积极性，很重要的就是价值观念问题。行为科学中人际关系问题、自我实现问题，也是价值与自由问题。这些问题在行为科学中带有实证性质，而要从较高的理论层次上进行分析，这离不开价值哲学。

价值哲学对教育学、教育史的研究，对青少年研究具有更为重要的意义。青少年关心价值与价值观念问题。当代青少年价值观念有何特点？其发展趋势如何？影响当代青少年价值观念的因素是些什么？青少年价值观念形成的机制是什么？这些问题对青少年研究以及教育科学都十分重要。要解决这些问题，固然离不开调查研究，但是没有价值哲学指导肯定是不行的。教育学和教育史的研究也离不开价值哲学。此外，价值哲学对文艺研究、美学研究、法学研究、历史学研究等等，都具有重要的指导意义。所以，价值哲学研究对我国思想文化界是一次重要冲击。它给人们提供重要的思想武器，必将对我国学术文化的发展起重要推动作用。

第二节　从价值哲学视角分析文学翻译批评

一、价值哲学是文学翻译批评的哲学基础

价值哲学是研究价值的学说。价值哲学真正意义上的诞生是在 19 世纪末，其在 20 世纪得到不断发展和完善，价值哲学的兴起直接带动了西方文学批评理论的飞跃发展。在价值哲学的体系里，价值是人有目的的实践活动及其结果

○ 第八章 价值哲学与翻译批评 ○

中对人自身的生存和发展所形成的具有积极意义的效应。价值是一种关系存在，包含客体和主体两级。一方面，客体及其属性是价值存在的先在性前提，是价值的物质承担者；另一方面，主体需要是价值存在的必要条件，是价值在意识中的定向折射。价值只是人的意识中的主观现象，离开人的意识，价值就不存在，就没有任何意义而言。① 价值是客体属性对主体需要的满足，是主客体关系在人们头脑中的反映，离开主体或离开客体都不可能产生价值问题。所谓"评价"，就是价值判断，即客体与主体需要的关系在意识中的反映，是价值的主观判断、情感体验和意志保证及其综合。价值学的最高原则是合规律性和合目的性的辩证统一，所谓"合规律性"，是指导实践的认识必须符合客观规律，达到客观事物的真理性认识；所谓"合目的性"，是指实践及其结果必须符合主体自身的需要、利益等价值追求。其中合目的性居主导地位，合规律性是为了更好地合乎个人需要。合规律性和合目的性是价值判断的两把尺子。

《中国翻译词典》对"翻译批评"是这样定义的：翻译批评即参照一定的标准，对翻译过程及其译作质量与价值进行全面评价。② 由此可见，翻译批评的真正目的是评价一部译作对于一个时代的社会读者来说有何意义，即有何价值，其本质是一种评价活动。翻译活动是人类的社会实践活动，其活动本身具有价值属性，评价活动是其间的一个重要环节，所以文学翻译批评的哲学基础应该是价值哲学。

二、价值哲学视域下的文学翻译批评活动

文学翻译批评严格说来涉及三种价值评价过程。第一个过程的两极是原作和作者，此时的客体是原作，主体是作者。从作者萌发写作愿望开始，作品就逐步拥有主体鲜明的个人色彩，主体的价值取向也充分体现在作品的字里行间。作品的价值通过意义的中介与语言符号发生联系，使语言符号既是意义的直接载体又是价值的间接载体。第二个过程的两极是原作和译者，此时的客体是原作，主体是译者。客体的语言符号及其承载的意义经主体的主观能动过滤以后，再以主体需要为导向，最终以另一种语言符号表现出来。此时产生的译作就是主体对客体评价的结果，也可以说是被主体化了的客体。第三个过程的两极是译作和评价者，此时的客体是译作，主体是评论者，主体要评价客体价

---

① 马克斯·舍勒. 价值的颠覆 [M]. 罗悌伦, 译. 北京：生活·读书·新知三联书店, 1997: 128.

② 林煌天. 中国翻译词典 [M]. 武汉：湖北教育出版社, 1997: 184.

值，除了要立足于译作文本外，还必须要审视第一、二个过程中的价值关系，不仅要明确作者的价值选择，更要明确译者的价值选择，因为译者翻译什么，为何要翻译及如何翻译等都是译者价值选择的结果。

从上述分析可知，由于在翻译批评活动中有三种不同的主体参与，同时前一轮评价客体的评价结果还要作为新的客体出现在下一轮评价活动中，其构成了不同价值主客体关系范畴。在价值哲学视域下，评论者的评价活动不但要涵盖三个价值评价过程的各种价值关系，更要妥善处理原作与译作之间的关系。原作具有原创性，而译作具有附属性，理论上说译作应是原作的仿拟，然而从现实来看，译作在不同程度上偏离原作的例子举不胜举。要理性地解释造成偏离的原因是文学翻译批评活动的重中之重，而这也使得原本交错的价值关系更为复杂。换言之，由于价值关系的交互性和层次性，文学翻译批评必然是多维化、多重化的。同时，文学翻译批评只能是对这一多元化局面的客观、动态地呈现和省察。①

三、价值哲学视域下文学翻译批评的参照系

当前，译界的文学翻译批评活动需要新的指南。既然大家都认同文学翻译实践是受个人行为、外在环境、历史条件、社会思潮等诸多因素影响的多层次和多维度的动态系统，那么译作质量的评估不应视为一个绝对点上的确定，而应当在更大的参照系统内确定一部翻译作品的相对位置。

参照系原是物理学用语，是一个比较宏观、综合性的体系。如将参照系拓展至一般现象，则指描述事物时用于比较的另一个事物，或在判断时作为基准的一把标尺，即这些描述或判断是相对于什么而言。由于同一物体的位置和运动状态从不同参照系来看是不一样的，因此只有先选定参照系，才能对物体的状态做出描述和判断。文学翻译批评必然要牵涉描述或判断，因此也必须有参照系，而且这个参照系不仅要有相对稳定性，还要有多维动态性。

需要补充的是，价值哲学视域下文学翻译批评的参照系应坚持主客观、主客体辩证统一的原则，但不否认批评的主观性和相对性，因为绝对的客观性是不存在的。翻译批评的洞察力很少能够也许永远不会达到自然科学那样精准的水平。因为翻译批评与其他文艺批评一样，本质上是人类的精神活动，尽管在分析、考察翻译现象时遵循科学的方法和客观的标准，但它在观点的阐发、表达的方式上具有极强的个性化特征，从而呈现出艺术性的一面。我们在追求翻

---

① 刘桂兰．文学翻译批评本质探析［J］．吉林师范大学学报（人文社会科学版），2008（5）．

译批评客观化、科学化的同时，也要充分认识到其艺术性的一面，承认一定程度上主观因素存在的合理性。

(一) 文本理解充分度是参照系的基准维度

文本理解充分度指的是批评者对原作文本和译作文本进行仔细对比研读后，在多大程度上理解两种文本在语际范畴和价值范畴的异同，在多大程度上解释引起差异的原因（比如是译者能力欠缺还是不得已而为之还是刻意行为等等）。文本理解充分度体现了价值哲学中的合规律性，因为合规律性是从客体出发的。文本理解充分度指导批评者从翻译过程本身出发，最终再回到翻译结果做评价。无论以何种思想指导翻译活动，原作文本总是占有举足轻重的地位。可以说原作文本一方面是作者思想、意识、情感的记录与体现，另一方面又是译者（文本的读者）进入作者思想世界的途径。翻译活动的特殊性使翻译始于原作文本的阅读，而后成为一种对话。文本理解是基于语言分析层面的，而文本中的语言现象一般来说有其客观规律性。文本一旦产生，就具有固定的形式和潜藏的意义流传于世，成为无数次相继交际的依据。文本是话语结构的艺术作品，它间接地体现语言结构和规律，强调文本自身的结构和意义，这并不影响对文本的反复阅读和多重理解。译作文本虽然较之原作文本有不定点、空白和空缺，但它毕竟是按语言规律严格组织起来的，并且是为表达一定思想内容和情感而存在。此外，翻译转换过程中的确存在着不以语言文化为转移的普遍规律，如词性转换、语序调整、增补、删减等。因此文本理解充分度体现了参照系的相对稳定性。

(二) 价值目标实现度是参照系的主导维度

价值目标实现度指的是译作在多大程度上实现了译者的价值判断和价值预期。它指导批评者将文本批评置于价值判断核心和价值预期核心的双坐标定位，并在这两个核心的基础上进行发散式拓展分析，重视译者的主观能动性，强调翻译过程的兼容性和流变性。价值目标基于语言现象背后的社会文化层面，关注译作文本的形成原因以及作用于译作文本的多种力量的交互影响。价值目标实现度以翻译活动主体（译者）为重要参数，强调价值哲学中的合目的性，折射出参照系的动态性。

价值目标实现度和译者的主观能动性紧密结合。价值存在于客体对主体的作用和影响之中。当客体尚未作用于主体并对主体产生一定的作用和影响时，这种价值只是客体的内在价值或可能价值。换句话说，价值客观存在，但却是尚未被认识和利用的内在价值,是被埋没的自在价值,尚有待于主体的参与和发现。内在价值只有在经过主体(译者)的阅读、理解、诠释后,才能被激活成现实价值。而主体不是一片空白地进入原作文本,主体有着先有和先在的知识结构,即"前结构"或"前理解"。伽达默尔(Gadamer)称之为"偏见"。伽达默尔指出偏见并非是不正确或错误的,不是不可避免地歪曲真理。事实上,我们存在的历史性包含着词义所说的偏见,为经验能力构造了最初的方向性。偏见就是我们对世界开放的倾向性。一般来说,人类对本民族的历史文化具有鲜明的价值取向。原有的"视域"决定了他的"不见"与"洞见",决定了他将如何选择、切割另一种文化,然后又决定了他如何认知和解释文化。在一部原作中,作者试图展示的价值既不是唯一的,也不是等量齐观的,而是呈现出不同的等级序列。同样,受自身价值判断和价值取舍的制约,译者在译作中会不自觉地放大其认同的主线价值,弱化眼中相对次要的辅助价值。

(三)评价视角是参照系的立体维度

评价视角指的是评价主体(批评者)在进行价值关系评判时所选取的视域、角度和切入点。评价视角在评价参照系中必须有一席之地,而且评价视角必须游离于参照系的基准维度(文本理解充分度)和主导维度(价值目标实现度)之外(即评价视角要能立体地洞察上述两个维度)才能保证价值关系判断的准确性。价值不是实体性的存在,而是抽象性的关系存在,它需要评价主体的主观介入才能彰显客体属性与满足主体需要之间的关系。评价对象虽然与客体(原作文本,译作文本)有关,但并不是客体本身,而是客体与主体需要的关系。评价活动的本质就是对这种价值关系的认识和判断。所以说,评价视角是在价值关系中寻找价值主体与价值客体的交汇点,也就是评价主体认为的价值关系中主客体之间的交汇点。

评价视角是参照系的一个不可或缺的变量,其变数是由评价主体决定的。评价主体的需要具有多元性,如道德熏陶、审美愉悦、知识获取等等,而评价主体的价值观具有可叠加性和可倾斜性,以真理为中心,形成理性价值观;以协调和匀称为中心,形成美的价值观;以权力为中心,形成政治性价值观;以有效和实惠为中心,形成经济性价值观;以信仰为中心,形成宗教性价值观;以社会伦理为中心,形成伦理性价值观。评价视角可以变化,但选择评价视角的目的必须恒定:即更直观、更立体地观察多维的价值关系。

综上所述,在价值哲学视域下,文学翻译批评的参照系是由三个维度支撑起来的有机组合体，其中文本理解充分度是基础，价值目标实现度是主导，评价视角是切入点。文学翻译批评实践要同时从三个维度入手，才能使评价中的客观主义与主观主义得到平衡，从而增进客观评价的可能性。

第三节　价值哲学与翻译批评研究的嬗变

不同的价值选择可能有不同的选择与评价原则。合规律性与合目的性的统一是价值选择与评价的最根本原则。人们在进行价值选择和价值评价时，必须将客观规律即合规律性与主体需要和目的即合目的性统一起来。这一原则对翻译批评研究有重要的指导意义。

一、传统的翻译批评范式

在传统的文学翻译批评范式中，批评者常常对译作进行点评式和随感式的批评，其是以批评者个人的主体感受和直觉经验为判据的评判活动，缺乏对译作的整体把握，缺乏系统的规律性理论阐述，带有经验主义和神秘主义的特性，是一种主观批评。评价者把翻译活动和文艺活动看成是灵感与悟性的表现，认为禀赋天成，侧重于译者的资质，不注重对规律的研究和探讨。译者以自己所喜好的方式来翻译，而评论者也以个人好恶来评论，重点在于遣词用句之精当，欣赏所谓"神来之笔"，注重神韵，所以评论多为点评式、随感式，虽说不出更多的道理，但听起来却让人似有所悟。这种评价活动以评价者的主体感受和直觉经验为参照，缺乏系统性的理论支持，也缺乏规律性的总结反思。评价本身充斥着神秘主义和经验主义的特征，是一种纯粹的主观性批评。批评者个人因审美观不同，很难形成系统的理性认识，因此也难以形成翻译批评的理论体系。

在传统翻译批评标准确定的过程中，译者会注重译文与原文之间的对等性特点，并在翻译过程中强调原文的忠实性。严复"信、达、雅"的翻译标准充分展现了我国翻译批评发展的脉络，实现了翻译批评标准中原作为根本的价值倾向。而且在翻译标准分析中，最重要的内容是实现高标准、唯一性的项目追求，并通过套模式的方式运用翻译技巧的。在翻译批评标准传统思路分析的过程中，其基本的特点体现在以下几个方面：第一，翻译标准确定中，当发现上下文内容不明确的现象，句子会采用一种翻译方法，不会考虑其他翻译内容的可能性,导致一些句子的翻译缺少说服力。第二,在一些难度较大的翻译环境下,需要融入翻译中的创造性技巧,确立翻译内容的思想。例如,在标题直译中,需要充分展现出标题的精美性特点,但是,在传统翻译背景下文章的语言过于朴实,一些"四字格"的内容分量也就较重。例如,在"Give a nod to fate"标题翻译中,译者将其翻译为了"力所不及,惟有认命",这种翻译并没有充分体现出原文章标题语言简洁的特点。所以可以发现,在传统翻译标准中思维方式过于简单化以及绝对化,而且一些译者由于思想的陈旧,导致翻译批评标准缺少系统性的理论内容,翻译内容有所局限。

二、结构主义范式的翻译批评

由于翻译的最终目的是促成和实现交际,即为了实现翻译的交际性目的,翻译便成为一定社会语境下发生的交际过程,那么,翻译评判的标准也应发生转变,应采取合乎时宜的视角,着眼于语言的交际功能,而不再局限于以原作为中心的语言学桎梏之中。

受西方现代语言学理论的影响,结构主义范式的翻译批评研究从根本上改变了以感悟和灵性为依据的主观批评局面。在评价过程中,较之以往评价作者主体的"不在场性"(作者的原意往往带有考据性和推断性),批评者改变方向,着眼于作品的结构性和语言的规律性以及客观性。文本和语言的规律具有毋庸置疑的"在场性",是公开和公认的,这使人们感到有理有据,评价客观性大为增强。但结构主义范式的翻译批评研究也有不尽如人意之处,它对客体(文本)的构成规律关注过多,对人(作者和译者)的主体因素却视而不见。殊不知,客体(文本)本身不能自行进入交际过程,只有通过主体的阅读才能激活其中的思想,使文本的潜在结构成为现实结构。结构主义范式的翻译批评研究过分侧重客体的构成规律,排除了主体的目的性,将文本看作是相对封闭和静止的体系,从而大大削弱了其应有的指导意义和应用价值。

翻译标准既是翻译研究的核心话题之一,又是翻译批评的关键内容。设立翻译标准是为了追寻翻译活动的理想状态。按照价值哲学,人类的一切社会实践活动都是为了满足人类自身和社会需要,而评价标准作为评价活动的基本依据,具有逻辑上的先在性。任何标准问题都与价值判断有关,属于价值哲学研究的范畴。但结构主义范式的翻译批评,排斥了主体因素,从客观主义的立场判定翻译标准,把价值判断当成事实判断,即是非判断,坚持符合论真理观,把原文文本作为唯一的参照物,从而导致翻译标准的一元化与绝对性。

从泰特勒(Alexander Fraser Tytler)在《论翻译的原则》(Essay on the

Principles of Translation）一书中提出"翻译三原则"到奈达的"对等论"、严复的"信达雅"，傅雷的"神似"说以及钱钟书的"化境"说等都是符合论真理观的反映，把原文文本看作理想化的标准，而忽视了现实世界中诸如审美取向差异、读者差异、翻译目的等不确定因素的影响。于是，绝对忠实的原则成了翻译的唯一标准。

三、解构主义思潮下的翻译批评

在解构主义思潮影响下的翻译批评研究从微观领域拓展至宏观领域，从文本批评走向社会历史性批评，但其片面强调主体性的张扬，全然不顾客体规律性的制约，忽视了翻译作为一项社会实践活动，其主体所需要的一致性，使评价活动成为个体随心所欲的活动，过分强调个体的合目的性，丧失了评价的评判意义。

首先，解构主义翻译批评否定意义的确定性，倡导意义的流动性。解构主义又称后结构主义，是对结构主义的反叛和颠覆，它几乎可以代表一切非理性倾向。它以非理性对抗理性，消除逻各斯中心主义，拆解二元对立，反对中心和权威。如果结构主义是核桃，外层是壳，中间是核，那么解构主义就是洋葱头，葱皮层层剥离，无核无心。解构主义者认为，文本是开放的，意义等待发现；文本的所指具有非对应性；文本的意义是流动的。德里达（Jacques Derrida）自创的"延异"概念否定了意义的确定性，文本的恒定意义让位于流动的意义，翻译成了转换、推迟原文意义和重新命名的过程。

其次，解构主义翻译批评主张彰显译者的主体性。在解构主义翻译研究阶段，人们对译者主体性缺乏应有的关怀和重视，译者是作者的点缀和附庸，只能处于"隐身状态"，其译作也应该"透明"得不像译作，永远不会让读者觉得他们读的是译作。时至今日，有些翻译作品上面不署译者的名字或者译者的名字相对于作者而言居于不显眼的位置，甚至有些读者在阅读翻译作品时只关注谁是作者而不管是谁翻译的，这与译者主体性的湮没不无关系。可是在解构主义语境里，"作者死了"，译者站起来了。作者的主体性步入了黄昏阶段，文本已经不需要作者，因为给文本一个作者是对文本横加限制，给文本以最后的所指是封闭了写作。

再次，解构主义翻译批评突出译作之于原作的作用。一直以来，译作都只是原作的附属，这与译者的尴尬处境有很大关系。可是，解构主义者却彻底颠覆了人们对翻译地位的传统认识，译作不再依靠原作而"活着"，恰恰相反，原作还得倚靠译作获得持续的生命。

最后，解构主义翻译批评把译作读者纳入考虑范围。结构主义翻译批评范式甚少考虑读者在翻译中的地位和作用，而解构主义范式却给予读者充分重视，突出读者在阅读文本过程中的能动性。这是解构主义的一大突破。

解构主义思想影响下的翻译批评是一种主体过度张扬的主观相对主义。从价值哲学的视角而言，个体需要虽不相同，但个体是一种历史性存在，是社会存在物，有着类相似性和时代相似性，因此通过个体间的平等对话与交流就能消除差异达成共识，从而消除解构主义意义生成的任意性，从主观相对主义走向客观相对主义的客观性，用哈贝马斯的交往行为理论中倡导的交往理性来指导交往活动，以生活世界作为先验性奠基，用社会实践来检验不同个体对话后达成的共识性结果。这种社会性的共识已具有真理性质，是一种客观性。哈贝马斯在《现代性的哲学话语》中指出："生活世界是互动参与者的资源，互动参与者提出了达成共识的命题。"① 因此，翻译批评的评价标准的客观性是以生活世界为奠基，并且在社会实践中得到检验。

四、价值哲学观念下的翻译批评

回顾上述不同的翻译批评范式，之所以每种范式自身都有致命的缺陷，其根本原因在于它们都忽略了一个重要事实：翻译批评应是主观和客观尺度的统一，是合规律性和合目的性的统一。价值评价如果偏离了这两个主坐标所确定的价值关系，那么就会误入歧途，一切文本都难逃被怀疑、颠覆、消解的命运。而价值哲学观照下的翻译批评范式克服了传统范式的缺点，具有独特的优势。价值哲学把客体引向了人的需要，也就是主体，其认识观是引导人们根据主体需要去改造客体，从而实现其价值。在价值判断的主观尺度和客观尺度中，主观尺度也就是合目的性标准起支配作用，客观尺度即合规律性是为了实现合目的性。因此，翻译批评的评价标准是主观和客观尺度的统一，是合规律性和合目的性的统一。超越了传统认识论的观点，从价值论视阈来重新审视翻译标准问题，评价活动因为是人的主观意识活动，因此评价活动中必然涉及主体问题。

价值论认识的本质揭示了客体对人的需要关系，是对价值事实的反映。翻译批评活动中原作并非是绝对的标准，其有批评者主体价值观的参与，翻译活动同样也有译者主体价值的渗入，涉及不同译者的审美取向和审美兴趣。因此

---

① （德）于尔根·哈贝马斯. 现代性的哲学话语 [M]. 曹卫东，译. 南京：译林出版社，2004：378.

第八章 价值哲学与翻译批评

对于原作者、不同的译者、评论者来讲,他们都具有不同的审美取向和审美兴趣,其关系是对话性关系,这就使得在对同一部译作的评价上,不同评价主体具有不同的审美价值取向。对一部作品即评价客体而言,其价值体现在知识价值、道德价值、审美价值等诸多方面,而不仅仅体现在一个方面,并且这些价值呈现出不同的等级序列,而不同的价值类型也有不同的评价方式。

在翻译活动中,不同文体侧重不同的价值,如科技作品主要涉及知识价值,以客观世界为参照物进行真假判断;政治作品主要涉及道德价值,与社会历史文化相关,要进行是与否的判断;文学作品则主要涉及审美价值,与评价主体的审美取向和审美兴趣有关,是文学性高或低的判断。

而译者在不同时期也会体现出不同的价值取向。例如在中国近代翻译文学中,鲁迅先生的翻译活动及翻译思想有着重要的作用。鲁迅先生的翻译活动大致分为3个阶段:早期阶段,即1903年到1918年,从留学日本到五四运动阶段;中期阶段,即1919年到1927年,从文学革命到革命文学争论前夕;后期阶段即1927年到1936年,从革命文学论争到无产阶级文学运动时期。鲁迅第一阶段的翻译活动集中在翻译科学小说,主张科学救国,先后翻译了法国作家凡尔纳的科幻小说《世界旅行》和《地底旅行》,均侧重于知识价值。随后与周作人合作翻译了在现代翻译文学史上最具有意义的《地域小说集》,介绍北欧和东欧弱小民族国家的作品,以期通过这类作品的译介,引起当时遭受帝国主义侵略的中国广大读者的共鸣,以弘扬民族精神价值为主。第二阶段的译介,是追求和探索阶段,强调用外国文学作品启迪世人,批判当时的现实,关注其道德价值。最后阶段的译介活动,着重译介苏联革命文学及无产阶级文学理论方面的作品,更侧重于作品的革命价值。由此可见,价值本身的复杂性和层次性决定了翻译批评的标准的多元性质。

价值哲学使我们得以从新的视角来探讨翻译批评活动,这对于翻译批评理论的建构具有重要的宏观和微观指导作用。由此我们看到,价值论观照下的翻译批评的评价标准具有多元性,是合规律性和合目的性的有机统一,在交往理性和共识性真理的指导下具有评价的客观性。

第四节　价值哲学路径下翻译批评主体的确认

一、从评价主体到价值主体

翻译批评是按照翻译的标准分析、评论或评价译本，或是评论同一原作不同译本中的某些翻译现象。并且"批评"与"评论"的意思相同。翻译批评按照批评主体可以划分为专家、读者和译者，如果某位读者同时是该作品的译者，情况就复杂许多，我们需按时间顺序对其进行考察。批评的客体包括译品、译者、译事、译论和翻译过程。其中译者批评有主客原则之分，译者既可以作为主体评价其他译者的译品，也可以作为主体评判自己的译品。前者是以读者身份存在的评价主体，后者是以译者身份存在的价值主体，二者的区别不仅是批评客体不同，而且批评的性质也有本质区别。

评价就是对价值的判断、评论与评估，价值是客体与主体需要的关系。例如，我们（主体）在翻译文字材料时需要纸质的或电子式的词典或是其他互联网资源，比如搜索引擎、计算机辅助翻译软件等。作为辅助性工具（客体），当它们满足了我们的需要时，客体对主体有价值。当一个人首先以读者的身份给予评价，而后又翻译同样的原作，翻译目的悄然间从评价主体转向价值主体。作为价值主体的译者就是要把认识论的认识提升到评价论的认识水平，这种认识是让我们在社会实践中达到合规律性与合目的性的高度统一，这就是一般读者与译者作为批评主体的本质区别。

有学者认为翻译批评是何谓正确的翻译，而翻译批评学关注的是为何这样翻译。翻译批评学以价值哲学为基础，回答了为何翻译和如何批评翻译批评（元翻译批评）的问题。英国著名翻译理论家赫尔曼斯（Theo Hermans）指出："只有将翻译同时既看作是自律，又看作是异律，才能更好地思考我们称之为翻译的内部组织和社会演化过程。"[①] 翻译实践有其自身的本质特征和语言转换规律，以及与其他社会系统如意识形态、政治、历史与经济等系统的关系，表明翻译的事实存在；价值存在则表现翻译满足人类知识、道德、艺术与审美水平的进步和社会政治、经济、文化发展需要的性质。翻译必须遵循翻译系统

---

① 刘军平. 西方翻译理论通史 [M]. 武汉：武汉大学出版社，2009：362.

自身的规律，符合或迎合翻译系统以外的社会文化系统的规律，合规律性是为了达到合目的性。

二、评价主体的认知性认识

1861—1872 年，英国汉学家理雅各（James Legge）的《中国经典》第一版在中国香港陆续出版，他是第一个系统研究并翻译中国古代经典的西方人。其中第一卷含《论语》《大学》与《中庸》的英译本。理雅各译本代表着西方汉学研究的最高成就，也对汉学研究产生了深远的影响。辜鸿铭虽在自己的著作中表达了对理雅各的敬重，但对他的译本很不满意，原因有两点：一是认为理雅各的文学训练不足，没有足够的判断能力和文学感知力，二是理雅各译本会给英国读者产生一种"稀奇古怪的感觉"。于是他开始翻译《论语》，1898 年在上海由别发洋行出版。1904 年，辜鸿铭英译《中庸》（《The Conduct of Life》）在《日本邮报》上连载。1906 年，将英文书名改为《The Universal Oder or Conduct of Life》在上海刊行。辜鸿铭提出"中庸"是"正确、真实的、公正的和恰好的"意思，是"普遍的"意思，"中""庸"二字合在一起是"关于正确的普通常识"。以上评价反映了辜鸿铭对理雅各翻译资格和翻译能力的质疑，不仅理雅各的翻译让英国读者看不懂，觉得奇怪，就连书名也未能充分表达中国字的真实内涵。

辜鸿铭此番评价应该是当他读到理雅各的英译本时就意识到的问题，只不过后来他在自己的译序表达出来。辜鸿铭作为评价主体（读者也是双语专家），对理雅各翻译的评价仅属于认识论的认识，他的评价标准是力求掌握原文意思，不仅要"对等"翻译原意，还要"再现原作的风格"。还有学者认为翻译是指在译语中用最贴切而又自然的对等语再现源语的信息，首先在语义上，其次是文体上。这些学者对翻译和翻译标准的认识惊人的相似，辜鸿铭提出的翻译标准不仅比后者早了半个多世纪，而且还提出了"对等"概念。

评价主体对客体属性与规律性的认识是认知性认识，与学者对翻译标准的认识一样，即在目的语中再现原文语义和文体是正确的翻译，这是一般认识论的认识，即什么是正确的翻译，此时认识的任务是以揭示客体的本质与内在规律为目的，这一点在辜鸿铭认为理雅各没有翻译出"中庸"全意的评价中可以得到印证。

结构主义语言学范式取代了语文学范式后，传统的内省式和体悟式的批评标准被以语言结构与规律为导向的评价标准所代替，变得更加客观，有据可查。然而，该范式只关注封闭的语言结构和语言转换规律，弊端还在于其自证自明式的循环论证。于是人们提出一种翻译理论,并衍生出一套相应的评价标准,再用这样的标准检验该理论指导下的翻译活动,以证明这种理论的有效性。按照这样的循环模式,翻译批评就不会出错。

三、价值主体的评价性认识

人类的社会行为无不发端于"我们应当做什么"的思考,只不过有思考多与少、自觉与不自觉之分。"应当"之思的关键点是认识和发现价值的丰富多样性,在多种价值中选择、认定最优价值。当承诺者洞穿应当之际,正是他洞悉价值之时。辜鸿铭不满足于仅仅以读者身份确立的评价主体地位,他的评价激发并且优化了自己的翻译实践,继而从幕后走到台前。辜鸿铭作为价值主体(译者)还必须进一步揭示客体对人的意义与价值,即看它是否能满足人类自身的需要。辜鸿铭通过《论语》和《中庸》这两本中国人智慧和道德装备的书向西方人展现中国文明,其认为中国的社会秩序才是真正的社会秩序。英国人乃至西方人能"修正谬见",放弃对中国所持的"枪炮"和"暴力"态度,代之以"道"。此时,作为译者的辜鸿铭把自己的主观意识和其他目的经由他评价之后的结果再符号化。在这一过程中,译者成了翻译活动的价值主体,译作是他的价值客体。

解构主义思潮带有很强的否定性、怀疑性甚至是非理性的特点,这种反思和批判的精神是正确的。它的批判性让我们不再沉迷于结构的自足性与循环论证的错误逻辑之中,取消主体限制。因此,作为价值主体的译者才顺理成章地进入翻译批评视野,对翻译实践进行合目的性的认识与评价。

四、价值哲学下的翻译批评主体

合规律性与合目的性的有机统一是价值哲学路径下翻译批评理论体系建构亟须解决的问题。这两种尺度的统一问题虽然在哲学界基本得到了解决,但这并不意味着翻译界只要照搬哲学界的理路就能轻松解决自己的问题,毕竟除了克服跨学科的困难外,价值哲学作为哲学的分支是从最宏观的层面把握价值及其评价。从价值哲学的角度看,翻译批评就是对翻译过程及其结果进行价值评价。我们平时所使用的翻译批评往往是指狭义的翻译批评,即评价译本与读者所形成的价值关系。那么在这一评价过程中,如何实现合规律性与合目的性的真正统一呢?这取决于我们对翻译批评作为独特的评价形式以及谁才是合格的评价主体这一问题是否有清醒和准确的认识。

第八章 价值哲学与翻译批评

按照价值哲学的观点，任何人或群体都可以成为评价的主体，而且评价主体与价值主体既可以完全或部分重叠，也可以相互分离。由于价值关系渗透在人们的实践和认识活动之中，并且是作为一种目的性要素在人们的实践和认识活动中起作用的，其复杂性可想而知，因此价值哲学对评价主体与价值主体关系的宏观把握无疑是正确的。如果涉及翻译批评，价值哲学的这一观点仍然适用吗？为了回答这一问题，我们必须先看看翻译批评作为价值评价的一种形式所包含的共性之外的特殊性。一般而言，翻译作品构成价值关系中的价值客体，读者构成价值主体，对此应该没有人持异议。那么谁可以成为评价主体呢？对此，翻译界似乎远没有达成共识。

《翻译批评学引论》这本书虽然专辟一章论述"翻译活动的主体批评"，但却始终没有明确指出什么样的人可以成为评价主体，只是对评价主体的有限性进行论述。作为翻译批评的主体，专家、读者、译者这三类人关注的重点不同，起的作用不同，理论意义也不同；从翻译批评的整体来看，三者的作用互补。有些学者虽然将翻译批评的主体概括为读者、专家、学者（批评家）、翻译家，和一些学者的观点不谋而合，但还是从广义的角度来讨论翻译批评的主体，即认为凡具有一定文化修养和审美情趣的读者都可以是翻译批评的主体，他并不一定要精通外语，更不必一定要是读者。还有学者认为，理想的文学翻译批评家应当具备下列条件：（1）精通两种语言及相关文化；（2）懂得翻译方法并具有鉴别力；（3）具有一定的文学鉴赏力；（4）对于原作和译作要有研究；（5）同情心和解释力；（6）超越与达观态度；（7）评论者的风度。另一些学者指出翻译批评只能由这样的人去做，他们熟悉译语和源语，因而可以直接对比译文和原文。简而言之，翻译批评需要将原文和译文进行对比。这些学者的观点基本可归纳为两类，即批评主体应该熟悉译语和源语，并比较过原作与译作。上述两类观点都能在现实的翻译批评中找到大量例证。

合规律性是物的尺度，来自价值关系中的价值客体，即译本；合目的性是人的尺度，来自价值关系中的价值主体，即读者。评价主体就是对作为价值主体的读者与作为价值客体的译本之间所形成的价值关系进行评价。为了便于分析，我们可以把原本有机统一的两个尺度割裂开来逐一研究。仅就评价的合目的性而言，只要评价主体能够准确把握价值主体的需要并将其恰当地运用到评价中去，这样的价值主体就是合格的。满足这一条件的人，既可以是学者比如翻译家和专家学者，甚至还可以是学者认可的一个人，他并不一定精通外语，更不必一定要是读者。仅就评价的合规律性而言，评价主体受到一定限制。

合规律性主要是指译本的形成过程符合翻译的基本规律，概而言之，就是符合源语和目的语的基本规律、有效传递原文的信息、符合跨文化交际的基本规律等。能够胜任这一工作的人，不仅要懂得源语和目的语并了解相关文化，清楚原文与译文之间的信息是否基本一致，而且还应懂得跨文化交际的基本规律。显然，具备这些条件的正是另一些学者所列举的人。既然价值哲学路径下的翻译批评要实现合规律性与合目的性的有机统一，合格的评价主体就应该是上述分析中两类人选的重合部分。因为合规律性标准下的人选所构成的集合只是合目的性标准下的人选所构成的集合子集，因此只有两个集合的重叠部分，或者说就是合规律性标准下的人选才有能力同时使用上述两个尺度进行评价。虽然学者对翻译批评主体的要求没有给出理论依据，但这并不代表他们就没有理论根据，而价值哲学中合规律性与合目的性的统一恰恰为他们的要求提供了坚实的理论保障。

综上所述，在价值哲学路径下的翻译批评中，合格的批评主体最起码应该通晓原文和译文的语言、对比过原作与译作。批评主体，即读者、专家、翻译家涵盖几乎所有可能成为批评主体的人员，因此我们只需将上述三类批评主体纳入讨论范围即可。在第一种情况下，我们将"读者"假定为翻译批评的主体，这也是目前我国翻译批评界普遍认可的批评主体，也得到了许多学者的认可。在这种情况下，作为批评主体的"读者"同时也是译本（即价值客体）的价值主体。由于此时评价主体与价值主体完全重叠，因此作为评价主体的"读者"充分了解自己作为价值主体的内在需求。因此，"读者"完全有能力和资格对译本进行合目的性评判。

然而，由于"读者"不懂或不精通原文语言，因此他们无力或无意将译本与原作进行对比。既然没有原作与译作之间的对比，"读者"便无法判断译本的生成是否合乎翻译规律。可见，"读者"作为批评主体时无法实现评价中的合目的性与合规律性的有机统一。第二种情况下，我们将与"读者"并列的专家、翻译家设定为批评主体。即便我们默认他们通晓原文和译文语言，但并非其中的每个人都对比过所要评价的译本与原作。如果这样，那些并未对比过译本与原作的专家、翻译家，尽管他们具备评价译本的能力，但也无法对译本的生成是否合乎翻译规律进行判断。从这种意义上讲，这样的"专家、翻译家"与"读者"并无太大区别，因此也同样无法实现译本评价中合目的性与合规律性的有机统一。可见，要真正实现翻译批评中合规律性与合目的性的有机统一，只有既懂原文和译文语言，又对比过译文和原文的人才有可能胜任。

一旦明确了翻译批评主体，更准确地说明确了合格的翻译批评主体，翻译批评中合规律性与合目的性统一的问题就有了解决的渠道，翻译批评中两种尺度的有机统一也就有望真正实现。

参考文献

［1］曹明伦. 当令易晓，勿失厥义：谈隐性深度翻译的实用性［J］. 中国翻译，2014（3）.

［2］陈东成. 翻译批评原则的大易视角研究［J］. 云梦学刊，2014（1）.

［3］陈龙，黄万武. 翻译标准与翻译批评标准异同分析［J］. 兰州教育学院学报，2014（5）.

［4］陈伟济. 底限翻译批评标准与翻译能力的培养［J］. 高教学刊，2021（18）.

［5］单英. 从多元系统理论看"直译"与"意译"之争［J］. 商，2015（9）.

［6］丁龙松，杨杏. 翻译批评研究的新视野——评《翻译批评导论》［J］. 中国教育学刊，2018（12）.

［7］董晓波. 翻译概论［M］. 北京：对外经济贸易大学出版社，2012.

［8］方梦之. 译学辞典［K］. 上海：上海外语教育出版社，2004.

［9］付辉红. 中国佛经翻译批评话语中的文论范畴［J］. 东北亚外语论坛，2022（A3）.

［10］高胜兵. 新历史主义文化诗学与翻译文学的文化批评［J］. 安徽理工大学学报（社会科学版），2014（2）.

［11］郭燕华. 浅谈功能翻译理论在文学翻译批评中的应用［J］. 活力，2019（21）.

［12］韩春英，王丹. 艺术概论［M］. 成都：电子科技大学出版社，2018.

［13］韩子满. 翻译批评的惟文学思维［J］. 上海翻译，2019（5）.

［14］何瑞清. 读者、译者、翻译批评者的阐释学立场比较［J］. 通化师范学院学报，2022（5）.

［15］胡陈尧. 试论贝尔曼的文学翻译批评理论建构［J］. 外语教学理论与实践，2022（2）.

［16］黄晓鹏. 中国传统典籍翻译批评的框架建构［J］. 郑州轻工业学院学报

（社会科学版），2017（2）.

[17] 冀婷. 从文学翻译批评"六条标准"简析《一位难忘的母亲》英译本——以党争胜译本为例［J］. 作家天地，2022（36）.

[18] 贾延玲，于一鸣，王树杰. 生态翻译学与文学翻译研究［M］. 长春：吉林大学出版社，2017.

[19] 蓝红军. 翻译批评何为：重塑批评的话语力量［J］. 外语教学，2020（3）.

[20] 蓝红军. 寄语：重建翻译批评的理论性［J］. 外国语言与文化，2022（2）.

[21] 蓝红军. 中国翻译批评的批评性及其重构［J］. 中国翻译，2022（2）.

[22] 李洁. 中国古典艺术散文英译的审美沟通研究［M］. 沈阳：东北大学出版社，2008.

[23] 李金树. "红色经典"批评语境与李俍民的翻译题材转型［J］. 语言教育，2019（4）.

[24] 李丽. 译可译，非常译：谈中诗英译"发挥译文优势"［J］. 山西农业大学学报（社会科学版），2013（12）.

[25] 李思博. 翻译批评与赏析［J］. 现代交际，2019（8）.

[26] 李玮. 翻译批评中的两大标准［J］. 作家天地，2020（3）.

[27] 李芸. 20世纪以前中西方翻译理论对比［J］. 安阳工学院学报，2010（5）.

[28] 廖七一. 翻译与现代白话规范［J］. 外国语文，2010（3）.

[29] 林晨. 文化转向背景下的国际新闻翻译研究［J］. 中国科技信息，2012（13）.

[30] 林煌天. 中国翻译词典［M］. 武汉：湖北教育出版社，1997.

[31] 林庆扬. 走进翻译［M］. 厦门：厦门大学出版社，2011.

[32] 刘桂兰. 文学翻译批评本质探析［J］. 吉林师范大学学报（人文社会科学版），2008（5）.

[33] 刘军平. 西方翻译理论通史［M］. 武汉：武汉大学出版社，2009.

[34] 刘晓华. "红色经典"叙事话语初探［J］. 安顺学院学报，2021（5）.

[35] 刘云虹. 文学翻译批评事件与翻译理论建构［J］. 外国语（上海外国语大学学报），2021（1）.

[36] 吕俊. 对翻译批评标准的价值学思考［J］. 上海翻译，2007（1）.

[37] 吕俊. 翻译标准的多元性与评价的客观性——价值学视域下翻译批评标

准问题探讨［J］．外国语，2007（2）．

［38］吕俊．谈翻译批评标准的体系［J］．外语与外语教学，2007（3）．

［39］潘帅英．论中国古典诗歌翻译批评的超文本因素及多维路径［J］．洛阳师范学院学报，2018（1）．

［40］饶小志．关于翻译批评的思考［J］．长江丛刊，2019（13）．

［41］邵成军．翻译批评管窥［J］．外语与外语教学，2003（3）．

［42］邵培仁．华夏传播理论［M］．杭州：浙江大学出版社，2020．

［43］苏艳．从文化自恋到文化自省 晚清中国翻译界的心路历程［M］．武汉：华中师范大学出版社，2018．

［44］苏渊雷．历代绝妙好联［M］．上海：上海辞书出版社，2020．

［45］孙宁宁．价值哲学与翻译批评研究的嬗变［J］．河海大学学报（哲学社会科学版），2008（2）．

［46］孙萍，綦天柱．译介学理论在文学翻译批评中的应用［J］．东北师大学报（哲学社会科学版），2005（6）．

［47］童庆炳．文学理论教学参考书［M］．北京：高等教育出版社，2009．

［48］王宏印．文学翻译批评概论［M］．北京：中国人民大学出版社，2009．

［49］王平．文学翻译批评学［M］．杭州：杭州出版社，2006．

［50］王树槐．翻译批评的修辞模式探索［J］．西安外国语大学学报，2023（1）．

［51］王树青．大学生审美［M］．北京：北京理工大学出版社，2020．

［52］王唯怡．语料库在翻译批评中的应用［J］．北方文学，2020（11）．

［53］王晓丽．伽达默尔哲学诠释学与复译策略［J］．齐齐哈尔大学学报（哲学社会科学版），2002（4）．

［54］温秀颖，南开大学外国语学院英语系教材编写组．英语翻译教程英汉·汉英［M］．天津：南开大学出版社，2001．

［55］文博．成事三要：事不拖话不多人不作［M］．哈尔滨：黑龙江科学技术出版社，2020．

［56］文宇．功能翻译理论与文学翻译批评研究［J］．科教导刊（电子版），2020（36）．

［57］吴术驰．翻译批评的元理论研究［M］．成都：四川大学出版社，2018．

［58］肖维青．翻译批评模式研究［M］．上海：上海外语教育出版社，2010．

［59］谢天振．论译学观念现代化［J］．中国翻译，2004（1）．

［60］徐丙昕．读懂《系辞》［M］．北京：线装书局，2018．

[61] 许钧，袁筱一. 当代法国翻译理论［M］. 武汉：湖北教育出版社，2001.
[62] 许钧. 翻译论［M］. 南京：译林出版社，2014.
[63] 闫晓红，陈清贵. 傅雷与奈达翻译观比较［J］. 名作欣赏，2018（21）.
[64] 闫晓红，陈清贵. 傅雷与奈达翻译观比较［J］. 名作欣赏，2018（21）.
[65] 杨清波，于龙. 非文学翻译批评的层面探析——以《影响》两种译本比较为例［J］. 鲁东大学学报（哲学社会科学版），2021（5）.
[66] 杨晓荣. 翻译批评导论［M］. 北京：中国对外翻译出版公司，2005.
[67] 杨毅隆. 翻译批评的性质及地位解析［J］. 牡丹江大学学报，2013（10）.
[68] 杨自俭. 简论翻译批评——《文学翻译批评论稿》序［J］. 解放军外国语学院学报，2006（1）.
[69] 杨自俭. 结构解构建构翻译理论研究［M］. 上海：上海外语教育出版社，2009.
[70] 袁进. 中国文学的近代变革［M］. 桂林：广西师范大学出版社，2006.
[71] 张景华. 叙事学对小说翻译批评的适用性及其拓展［J］. 天津外国语学院学报，2007（6）.
[72] 张智中. "优势竞赛论"本质透析［J］. 外语教学，2004（6）.
[73] 赵春林. 从众效应［J］. 大众心理学，2017（4）.
[74] 郑伊然，冯涛，潘秋阳. 基于比较文学理念再谈英美文学的批判和认同［J］. 北方文学，2020（26）.
[75] 周邦友. 翻译基础教程上　第2版［M］. 上海：东华大学出版社，2017.
[76] 周晓梅. 基于价值哲学与评价理论的翻译批评学——《翻译批评学引论》评介［J］. 外语研究，2010（5）.
[77] 周兴阳.《文学翻译批评研究》读书报告［J］. 长江丛刊，2018（15）.
[78] 朱安博，刘畅. 莎士比亚戏剧网络翻译批评研究［J］. 外语研究，2021（1）.
[79] 朱小锋. 心理学一本通［M］. 长春：北方妇女儿童出版社，2014.
[80] 朱自清. 标准与尺度［M］. 南宁：广西师范大学出版社，2004.